잠들지 못한 밤에 시를 읽었습니다

시 읽어주는 남자 2

잠들지 못한 밤에 시를 읽었습니다

시 읽어주는 남자 2

유자효 지음

문화발전소

자서自序

시집은 시인의 우주입니다

　월간 《시》 민윤기 주간의 권유로 '유자효의 시집 읽기'를 연재하기 시작한 지 9개월 만인 2016년 4월, 그동안 수록되었던 시인 88명으로 《시 읽어주는 남자》라는 단행본을 스타북스에서 출판했다. 그 뒤에도 '시집읽기' 연재는 계속되었고 단행본을 내보자는 신아미디어그룹의 제의에 따라 정리해 보니 3년 가까운 기간에 무려 264권의 시집이 소개됐음을 알았다. 2백자 원고지로 치면 2,729매에 이르니 장편소설 두어 권 분량은 되고도 남겠다.

　이 가운데 164권의 시집을 가려 뽑아서 시집 당 한 편씩을 독자 여러분께 보여드린다. 1집에 수록된 시인은 배제하였다.

  이 작업을 하면서 시집은 시인의 우주라는 생각을 하였다. 거기에는 작으면서 예쁜 우주도 있었고, 무변광대한 큰 우주도 있었다. 칼 세이건이 말했던 이 "창백하고 푸른 점"은 시인들이 있음으로써 엄청난 영적 질량을 갖고 있음을 알았다. 참된 시인들이 있는 한 이 "창백하고 푸른 점"은 영원한 우주의 중심이리라.

2019년 여름

시 읽어주는 남자 유자효

차례

자서自序   시집은 시인의 우주입니다 — 4

강계순   노을 — 16
강우식   콘도르의 큰 날개가 — 18
고두현   어머니 핸드폰 — 22
고승철   자판기 커피 — 24
곽효환   타슈켄트에서 조명희를 만나다 — 26
구충회   명함 — 28
권갑하   영광탑 — 30
권도중   세상은 넓어 슬픔 갈 곳이 너무나 많다 — 32
권현영   분홍 문장 — 34
김건일   북 — 36
김경옥   마른 풀 없애지 마라 — 38
김귀제   파스 — 40
김규화   얼간이 — 42
김남규   뒤통수만 봐도 눈물이 나네 — 44
김남조   순교 — 46
김밝은   안녕하세요, 고갱 씨 — 48
김선영   달을 쳐다보며 — 51
김선태   황홀한 이별주 — 53

김성춘	산山의 어록	— 55
김세영	그녀	— 58
김소엽	향기香氣를 위하여	— 60
김송배	숲의 언어	— 63
김수복	밤하늘이 시를 쓰다	— 65
김승규	강	— 67
김연동	한 장 경전經典	— 69
김영재	아기 미라 2	— 71
김영탁	떨림	— 73
김완하	새벽 신문을 펼치며	— 76
김용길	바다와 섬	— 78
김용범	밥의 힘	— 80
김일연	왕대	— 82
김장호	백팔계단	— 84
김재홍	성탄 인사 올립니다	— 87
김종목	늙은 개	— 90
김종상	돌하르방	— 92
김종해	회항	— 95
김준	기다림	— 97
김창범	빛이 그리워	— 99
김철교	시로 그린 그림	— 102

김추인	반가사유상 — 104
김초혜	차이 — 106
김형영	그래도 봄을 믿어봐 — 108
김호길	희망에 대하여 — 110
김후란	작은 행복 — 112
남찬순	그저 세월이라고? — 114
도종환	사과꽃 — 119
동시영	나뭇잎 — 121
류영환	땅과 바다 — 123
류인채	광복절 아침 — 125
문무학	힘 — 127
문삼석	엄마 향기 — 129
문정희	토불土佛 — 131
문태준	외할머니의 시 외는 소리 — 133
문현미	거머리 — 135
문효치	멀리 가지 마라 — 137
민병도	초의艸衣의 새벽 편지 — 139
민윤기	함락 — 141
박권숙	허공이 직각으로 빛나는 저녁 — 145
박라연	아름다운 너무나 — 147
박방희	시옷 씨 이야기 65 — 149

박수중	쓰나미津波 2	151
박영교	궁촌 왕릉	153
박영식	달	155
박완호	담	158
박이도	고마운 친구들	160
박정원	별들의 천지	162
박종대	무엇이 간병을 하는고 하니	164
박종해	그때 그 시각	167
박준영	뚜껑	169
박찬일	초록무덤	171
박홍재	공辛친 날	173
배한봉	붉은 달	175
백이운	힘	177
상희구	자부래미 마실	179
서석찬	서라벌徐羅伐 2	181
서정춘	잔盞	183
손택수	마지막 목욕	185
송남영	봄날의 꿈	188
송영숙	오래된 관계	190
송재학	호양나무 수림	193
송찬호	두부집에서	195

송태한	고인돌 — 198	
송하선	저 늙은 소나무는 — 200	
신달자	늙은 잠 — 202	
신필영	연장전 — 205	
신현득	나의 출생 — 207	
신현림	다리미는 키스 중 — 210	
안직수	바라밀다波羅蜜多 — 214	
안현심	순응 — 216	
오세영	허술 — 218	
오정국	철사처럼 경련하며 뻗어가는 힘이 — 220	
오탁번	인사동 사람들 — 223	
우정숙	권정생 살던 집에서 — 226	
유응교	별에게 — 228	
유안진	얼굴이불 — 230	
유영애	빗속 저편 — 232	
윤금초	애고, 애고 도솔천아 — 234	
윤상운	그렇게 낮달처럼 — 236	
윤석산	노숙, 몽유의 — 238	
윤효	목숨 — 240	
이건청	유리병 속의 시 — 242	
이나경	아가가 된 울 엄니 — 245	

이달균	난중일기 2	— 247
이동순	슬픈 가랑잎	— 249
이명수	카뮈에게	— 252
이문재	예술가	— 255
이상국	존엄에 대하여	— 257
이상호	나무와 까치	— 260
이서빈	달의 이동 경로	— 262
이서원	슬도瑟島	— 264
이성보	풍란 3	— 266
이송령	외국인	— 268
이수익	흑백영화	— 270
이승은	탁발	— 272
이승하	그 사슴의 눈	— 274
이승훈	송 준영	277
이심웅	복날	— 279
이유경	쉽게 헤어지기	— 281
이일향	노래는 태워도 재가 되지 않는다	— 283
이종문	아 이거야 나 원 젠장!	— 285
이지엽	죽어서 하나 되다	— 287
이채민	대관령	— 289
이처기	우수 무렵의 시	— 291

이충재	겨울나무 곁에서 — 293	
이한성	전각篆刻 10 — 295	
이현서	비가悲歌 — 297	
이화인	어머니는 나를 잊었습니다 — 299	
임성숙	꽃 — 302	
임종찬	민들레꽃 — 304	
임영석	단상斷想, 다섯 개 — 306	
장상희	샛휜 — 309	
장석주	박쥐와 나무옹이 — 311	
장재선	어머니와 시 — 314	
장지성	어느 날의 오로라 — 317	
전석홍	아름다운 나무 독 — 319	
전연희	창 — 321	
정선희	모두 다 갔다 — 323	
정수자	봄꽃 앞에서 — 325	
정호승	울지 말고 꽃을 보라 — 328	
정희성	당신에게 — 330	
정효구	무한으로 이어지는 — 331	
조남훈	어울림 숲 75 — 333	
조창환	부대찌개 — 335	
주경림	위장 탈출 — 338	

진복희	절두산 패랭이꽃 — 340
천양희	새벽에 생각하다 — 342
천옥희	이름 하나 — 344
최문자	유목성 — 346
최승호	걸어도 발자국은 없는 것 — 349
최연근	풍등을 올리며 1 — 351
최영규	전어설법錢魚說法 — 353
최종고	실존의 여왕 — 355
하유상	믿음을 저버린 죄는 저리 크다 하던가 — 358
한규동	모네의 연못 정원에서 — 361
한상호	어미새 — 363
허영자	투명에 대하여 14 — 365
허의행	워리는 똥개다 — 367
현원영	바람 부는 봄날 — 369
홍사성	홍매 — 371
홍석영	내가 돈다, 바람개비처럼 — 373
홍성란	따뜻한 슬픔 — 375
홍오선	꼭두 — 377
홍해리	고집불통 — 379
황선태	지하철에는 — 381

시 읽어주는
남자 2

노을

강계순

어느 고승 한 분 입적하시는지
하늘 가득 불길 번지고 있습니다
사리 몇 개 남기고 가는 가벼운 걸음 따라
바람도 없이 온 세상 화염에 쌓이고
적소謫所의 거친 흙 한 줌까지 아름답게 물드는 이 저녁
고통도 결이 삭으면 탈진의 가벼움으로 올라
세상 밖에서 눈 뜨는 혼이 되는지
멀리서 작은 별 하나 투명하게 열립니다.

-푸른사상 간행 《사막의 사랑》

　1959년, 약관 23세의 나이에 《사상계》로 화려하게 등단했던 시단의 스타 강계순 시인의 열 권째 시집입니다. 아, 이 시집을 보니 그동안에 부군을 병으로 잃으셨군요. 망부亡夫의 고통과 슬픔이 절절하게 가슴으로 밀려왔습니다. 올해는 강 시인이 등단한 지 60년이 되는 해입니다. 시인은 "어느 아침, 문득 내게 시간이 얼마 남지 않았다는 것에 생각이 미쳤"다면서, "인연을 나누었던 많은 분들에게 마지막 인사가 되었으면" 한다고 서문에서 밝혔습니다. 깊이 있는 예술은 비극悲劇이라고 하지요. 원로 시인의 작품집에는 슬프지만 깊은 울림을 주는 작품들이 많습니다. 인용한 작품에서도 하루의 끝이자 인생의 종언에서 아름답게 물드는 우주적 상상력을 느끼게 합니다. 시집에서 처음으로 만나는 작품 〈배웅〉, 모차르트 클라리넷 협주곡 2악장에 부치는 〈작별〉, 연작시 〈지워진 이름〉과 〈부산〉이 특히 좋았습니다. 강 시인의 연세에 이런 긴장감을 갖춘 시를 보여주는 원로들이 얼마나 될까요? 오로지 감사할 따름입니다.

콘도르의 큰 날개가

강우식

콘도르의 큰 날개가 칠흑을 밀어내고
안데스의 하늘이 열렸다.
태양의 햇살을 부채 날개에 가득 실은
콘도르는 자신의 형상을 닮은
마추픽추의 하늘 위를 순찰하듯 유유히 돈다.
지금 마추픽추는 텅텅 비어 있다.
산은 늘 비어 있고 빈 마음이다.
그 옛날 융융했던 마추픽추는
태양신의 명을 받은
콘도르가 날카로운 발 갈퀴로
몽땅 채어 어디론가 사라지고
페루드란스 독사 같은
우루밤바 강의 급류가 흰 이를 드러내고
밤낮으로 물어뜯는 그 위에
마추픽추는 텅 빈 적막 속에 의연하다.

역사는 늘 페루드란스처럼
음흉한 독을 품고 뒤에서 공격했지만
마추픽추는 폐허가 되어
오히려 신비한 공중도시로 살아났다.
마추픽추는 통제된 땅이었다.
산이 문을 열어주지 않으면
아무도 들어갈 수 없는 땅이고 산이었다.
선택된 사람만이 들어가 살다
신의 부름을 받아 태양신에 헌신하는
산속의 땅이었다.
그래서 더 비밀의 문을 열어보고 싶듯이
소문은 무성하고 자자했다.
산의 미로와 같은 신비를 때로는
사람들이 만들어 왔듯이
돌로써 황금을 만든 도시였다.
보는 사람에 따라 돌이 황금이 되고
황금이 돌이 되는 도시였다.
황금 보기를 돌같이 하라는
말씀을 따른 사람들에게는
돌이 황금으로 보였다.

안데스를 비추는 황금빛 햇살이
돌에 스미어 황금이 되는 신비를
콘도르킨카의 백성들은 자연에서 알았다.
잉카들의 삶은 자연연금술이었다.
산이 있어, 거기 산 하나가 있어
돌로써 황금도시, 황금보다 더 아름다운
공중도시 마추픽추를 만들었다.

-리토피아 간행 《마추픽추》

　책 한 권이 시 한 편으로 돼 있으니 보기 드문 장시로군요. 여기에 소개한 것은 서시입니다. 잉카의 공중 도시 마추픽추에서 영감을 얻어 구성해낸 사랑과 신화의 대서사시입니다. 서시의 앞부분에 "감쪽같이 천여 명의 잉카가 사라졌다./ 왜? 아무도 알 수 없었다./ 시인이여, 미스테리에 대해 두려워마라."라고 쓰셨군요. "파블로 네루다와 체 게바라는 그들의 파란만장한 삶의 도정에서 중요한 국면을 맞이하여 마추픽추를 찾았고, 이곳에서 험난한 라틴아메리카의 역사와 그 질곡 속에서 꿋꿋하게 삶의 위엄을 지키며 살아온 민중의 존재로부터 깊은 감명을 받"았음을 고명철 교수의 해설에서 알았습니다. "일생 시쟁이로 살면서/ 몰아의 경지까지/ 시에 골몰한 적이 없어 늘 아팠다"는 선생님의 서문에 공감하였고, "탈고 후의 지친 상태가 너무나도 좋"으시다는 선생님이 부럽습니다. 생각해보니 저도 30대 눈부신 나이에 마추픽추를 찾았었군요. 잉카의 석조 문명에 놀라고 멸망의 슬픈 역사에 아파했던 생각이 납니다. 그때 저는 여행 중에 끙끙 앓으며 〈꾸즈코 기행〉이란 좀 긴 시를 썼었는데 선생님의 서사시에 비기면 그야말로 소품이로군요. 진작 시집을 받고도 인사가 늦었습니다. 애쓰셨습니다. 축하합니다.

어머니 핸드폰

고두현

야야 아엠에프가 다시 왔다냐 다들 와 이럴꼬
옛날엔 생선 함지 하루 종일 다리품 팔다
남은 갈치 꼬리 모아 따순 저녁 묵었는데

야야 춥고 힘들어도 그때만 하겠느냐
니 동생 준답시고 배급빵 챙겼다가
흙 묻을라 바람 마를라 오매불망
신발주머니에 넣고 오던 그 맘만 있어도 견딜 테니

아엠에픈가 뭐신가 그때보담 안 낫겠나
그런데 그 얘기마저 다 하자믄 끝없으니
이따가 나중 허자 핸도폰 값 올라간다.

– 민음사 간행 《달의 뒷면을 보다》

　아버님 돌아가시자 머리 깎고 스님이 되셨다는 시인의 어머님께서 아들과 한 통화 내용이로군요. 우리 어머니들의 정서가 물씬 묻어나는 재미있는 작품을 읽고 한참 동안 웃었습니다. 고두현 시인은 언론계에서 시를 쓰는 시인이라는 점에서 저는 동질감을 느껴왔었습니다. 첫 시집을 등단 7년 만에 내고, 세 번째 시집을 10년 만에 낸 것을 저는 충분히 이해합니다. 저는 첫 시집을 등단 14년 만에 냈으니까요. 기자 생활이란 것이 시를 생각할 여유를 주지 않지요. 고 시인이 시의 끈을 놓지 않고 있었다는 것만 해도 대단한 일입니다. 그러면서 저를 언론계 선배라고 신작 시집이 나오면 신문에 소개도 해주는 고마운 후배 시인. 이제 논설위원이 되었으니 시를 쓸 시간을 얻은 것입니다. 좀 더 지나 은퇴를 하게 되면 어쩔 수 없이 그리던 전업 작가가 되겠지요. 저는 일선에 있을 때, 퇴직을 두려워하지 않았답니다. 제게는 할 일이 있었기 때문이지요. 그래선지 퇴직 후가 더 바쁘기도 합니다.

자판기 커피

고승철

남대문 경찰서 형사계 보호실에
쪼그리고 앉은 가냘픈 어깨의
가무잡잡한 필리핀 여인
마약 밀매 용의자?

취재 나온 기자에게 부탁하네
벤딩 머신 코피 플리즈!

종이컵 따스한 커피 받아들자
불로장생 음료 엘릭서 마시듯
눈 감고 음미하네

이튿날 아침
그녀가 유치장에서 목매 숨졌다 하네

그녀의 고혼孤魂,

유치장 쇠창살 빠져나와

먼 머언 고향 민다나오섬까지 날아갔을까

— 나남 간행 《춘추전국시대》

참으로 슬픈 내용입니다. 전쟁 때 우리를 도왔던 필리핀. 제가 1980년대 방문을 때만 해도 경제 강국이었는데, 어쩌다 딸들을 타국에 가정부 등으로 내보내야 하는 처지가 되었군요. '마약 밀매' 혐의를 받고 '유치장'에 갇혀 있다가 취재 나온 기자에게 자판기 커피 한 잔 얻어 마시고 밤에 스스로 목숨을 끊고 말았습니다. 이 시를 쓴 고승철 씨는 주요 신문사의 파리 특파원, 경제부장, 출판국장 등으로 활약한 언론인입니다. 《은빛 까마귀》《개마고원》《소설 서재필》《여신》 등의 장편소설을 잇달아 출간해 놀라게 하더니 새해 벽두에 시집 한 권을 보내왔네요. 그는 "시작법, 시론 등은 보지 않았"고, 2018년 새해 벽두부터 귀에 들리기 시작한 "음악 및 문학의 신" 뮤즈(Muse)의 목소리를 받아 써 첫 시집을 냈다고 밝혔네요. 참으로 부러운 뮤즈와의 데이트를 부디 오래 이어가기를….

타슈켄트에서 조명희를 만나다

곽효환

당신은 너무 멀리서 왔다
원동의 하바롭프스크에서 타슈켄트까지

나보이문학박물관 3층 한 켠
녹슨 자물쇠 채워진
찾는 이 없는 좁고 허름한 방에
형형한 눈빛으로 덩그러니 남겨진
당신은 너무 오래 서 있다
짓밟힌 고려를 떠나
붉은 깃발의 나라에 첫 망명 작가로 왔으나
죽음으로 항거했던 그 나라의 간첩 혐의로
총살당한 당신의
딸 이름은 조선의 아이, 조선아
아들 이름은 조선 사람, 조선인
필경 멀지 않아서 잊지 못할 그 땅으로

돌아올 날이 있으리라던 그러나
끝내 돌아오지 못한
당신은 내내 먼 길을 걸었다
너무 멀리 왔고 너무 오래 서 있다
인기척 없는 박물관 계단에 앉아 숨죽여 우는
한 사내가 있다

─ 문학과지성 간행 《너는》

　곽효환의 시는 스케일이 큽니다. 네 번째인 이번 시집에는 고구려와 발해 그리고 중앙아시아의 고려인들을 만나고 있습니다. 인용한 시는 포석 조명희 (1894~1938)의 가슴 아픈 생애를 다루고 있습니다. 일제에 항거하다 중앙아시아까지 왔는데, 그 일제의 간첩이라는 혐의를 받아 소련에 의해 총살당했으니 얼마나 원통한 죽음입니까? 딸은 '조선아', 아들은 '조선인'이라고 이름 지은 포석의 흔적을 우즈베키스탄 문학의 창시자이자 정치가인 알리세르 나보이(1441~1501)의 박물관 3층 한켠 녹슨 자물쇠 채워진 좁고 허름한 방에서 만난 시인은 "인기척 없는 박물관 계단에 앉아 숨죽여" 웁니다. 그것은 포석의 모습이기도 할 것입니다. 이밖에도 이 시집에서는 강제 송환되는 불법 체류자 아이의 이야기까지 폭넓은 소재들이 완성도 높은 시로서 펼쳐져 있습니다. 모처럼 만나는 감동적인 시집입니다.

명함

구충회

여보게, 명함이나 있으면 하나 주게
나 시방 백수랑께, 명함 그렁 거 읍서
또 보세, 은백색 머리 위로 노을이 진다

우라질, 명함은 무슨 명함이여, 촌늠이
니 엄니 뱃속에서 명찰 달고 나왔냐
흥, 명함 그저 허세여, 산 늠덜 비석이여

나 시방 남응 건 이름 슥 자뿐인디
인간사 세월로 지우닝께 남능 게 있남
워쩔겨, 그렇게 살다가 해가 지면 가능 거

-조은 간행 《노을빛 수채화》

　참 재미있는 작품입니다. 백수생활이 10년째로 접어드는 저도 일상에서 흔히 겪는 일입니다. 교육계에서 오래 봉직한 구 시인도 그런 일을 종종 겪으시나 보지요. 사람들은 이름 석 자로 만족하지 않습니다. 꼭 어떤 직함을 알기를 원합니다. 그런데 그것을 구 시인은 "산 늠덜 비석"이라고 명쾌하게 규정하는군요. 또한 치렁한 전라도 사투리로 시조를 엮어내 더욱 실감을 주고 있습니다. 참고로 구 시인은 충남 보령 출신입니다. 2011년 《시조생활》 신인문학상 수상을 시작으로 지난해까지 수필과 시 등단을 끝내셨네요. 문인으로서의 제2의 인생을 완벽하게 출발하셨습니다. 처녀 시집 앞머리에 세계전통시인협회 유성규 회장의 서문을, 끝에는 한국시조협회 이석규 이사장의 평설을 얹으셨으니 참으로 복이 많으신 분입니다. 재주가 많으시지만 전통시 운동에 보다 힘을 쏟아주셨으면 하는 바람입니다.

영광탑

권갑하

이름만 들어도 찡한 저문 나라가 있다
흰옷 입은 백성들 신화 속으로 숨어버린
설움의 눈물로 흐르는 압록이며 두만 같은
내가 그리워하는 건 무성한 숲이 아니다
살면서 부대끼면서 떨궜던 살점 같은 것
식민과 헐벗음마저 다 이겨낸 맨발 같은 것
자꾸만 잊혀져 가는 애잔한 가락일지라도
끊긴 다리를 놓아 홰를 치는 늠늠함으로
그날 그 영광 기려 불러야 할 노래가 있다

-알토란북스 간행 《겨울 발해》

"영광탑은 중국 지린성 창바이長白 조선족 자치현 북서쪽에 있는 발해 시대 전탑이다. 남쪽에는 압록강이 흐르고 건너편은 북한 혜산 시다. 이 탑은 정효공주탑, 마적달탑과 함께 무덤 위에 세워진 발해의 3대 묘탑이다. 이 탑은 안동이나 의성에 있는 우리 고유의 전탑과 매우 비슷하다"는 주가 붙어 있군요. 발해는 고구려 멸망 후 유민 대조영에 의해 건국돼 통일신라와 함께 남북국 시대를 이끌고 228년간 우리 역사상 가장 광활한 영토를 다스리며 해동성국으로 칭송받던 나라였습니다만 남아 있는 기록이 거의 없습니다. 권갑하 시인이 이 신비의 왕국을 탐사했군요. 그리고 52편의 시조로 담아냈습니다. 한 편 한 편 그 시의 소재가 되는 사진과 함께…. 일찍이 실학자 유득공은《발해고》를 통해 잃어버린 만주에 대한 통한을 되새겼지요. 고맙게도 권 시인에 의해 발해가 우리 곁에 살아나고 있습니다.

세상은 넓어 슬픔 갈 곳이 너무나 많다

권도중

호수에 비 내리며 슬픔이 갈앉는다 조용히 슬픔 받는 지구의 마음 같은 세상의 큰 슬픔으로 가는 내 작은 빗방울들

들에 흙에 나무에 풀에 닿아 구르던 작은 눈물이 큰 눈물로 없어지며 마음의 웅덩이 속에 위안으로 돌아온다

세상 눈물 넉넉하게 한없이 받는 호수, 내 것도 여기에 와서야 끝이 나고, 물면에 파문 넓히며 멀어가는 결을 본다

마음 웅덩이에 슬픔을 두지 마라 세상 웅덩이에 마음 비우라 세상은 넓어 슬픔 갈 곳이 너무나 많다

닿으며 만드는 물무늬는 먼 곳의 눈물자국 빗방울 그렇게 호면湖面에 내리고 있다 속상해 하지 말아라 가고 있는 빛이다

－고요아침 간행 《세상은 넓어 슬픔 갈 곳이 너무나 많다》

　아름답고 슬픈 시입니다. 호면에 내리는 빗방울을 세상의 눈물로 보았군요. 호면에 닿아 물무늬를 이루며 멀어져가는 파문을 슬픔에 대한 위안으로 보았습니다. 유성호 교수는 "이 시편은 비록 슬픔에서 발원하기는 했으나 호수에 비 내리는 풍경을 통해 정치한 조형성을 얻고 있다."고 평했네요. 1974년 《현대시학》에 이영도 선생의 추천으로 문단에 나온 시인의 대표작입니다. 고요아침에서 펴낸 《현대시조 100인선》 51권째의 표제이기도 하니 시인 스스로도 그렇게 생각하는 것으로 보입니다. 시집 말미에 실은 자전적 시론도 "잘 된 작품은 아무리 아름다워도 슬프다. 잘된 작품은 아무리 슬퍼도 아름답다."라는 글로 끝맺고 있군요. 그야말로 슬픔의 시인입니다. 유심시조아카데미에서 저와 윤금초 시인, 장경렬 교수를 위한 출판기념회가 열렸을 때 보내주신 따뜻한 격려에 감사합니다.

분홍 문장

권현형

당신 눈이 깊어 레바논 우물 같다
꽃뼈가 달그락거리는 소리
닿을 수 없는 곳을 향해 손가락을 뻗는다

다른 이의 무릎을 함부로 베고 누울 순 없다

밤새 격렬하게 비바람이 불었고
아침나절 강물의 얼굴이 궁금하다
조약돌 위에 이름 모를 짐승의 내장이
생의 군더더기 없는 형해形骸처럼 남아

꽃을 자루째 털린 산벚나무가 하루 사이
폭삭 늙어 있다 다른 길이 없다

꽃은 인간을 닮아 있고
인간은 남의 가슴을 파고든다

간밤 어디론가 사라진
분홍 몸피의 다급한 문장이 궁금하다

어쩌라구 어쩌라구, 그런 말이었을까
끝에서라도 끝에서라도, 그런 말이었을까

-문예중앙 간행 《포옹의 방식》

　2005년, 제가 제17회 정지용문학상 수상자로 결정되고 나서 권현형 시인이 저를 인터뷰하기 위해 김경옥 사진작가와 함께 목동의 SBS로 찾아 왔었지요. 저는 두 분께 점심이라도 대접하려고 오전 11시로 인터뷰 약속을 잡았었지요. 그런데 당시 방송사에 좋지 않은 일이 있었고, 저는 그 일과 관련해 사장과 갑자기 동행을 해야 하게 되었습니다. 얼마나 미안했던지요. 저는 1시간 만에 인터뷰를 서둘러 끝내며 몇 차례 사과를 했었습니다. 그러나 1시간 면담으로 권 시인은 훌륭한 인터뷰 기사를 써내셨고, 김경옥 사진작가는 제가 처음 보는 스냅 사진들을 여러 장 만들어 주셨습니다. 그 뒤 저는 권 시인과 김 선생을 생각하면 늘 죄송한 마음이었는데, 무려 11년 만에 권 시인의 시집을 소개하니 빚의 일부라도 갚는 셈이 되기나 할까요? 저는 이번 시집을 권 시인의 신선한 감각에 놀라며 읽었습니다. 얼마나 "눈이 깊"으면 "레바논 우물 같"을까요. 그러고 보니 권 시인의 눈이 깊었던 생각이 납니다. 시인의 사유思惟가 깊으니 눈도 깊겠지요. 권 시인의 그 섬세하고 아름다운, 때로는 날카로운 감각이 한국 시를 빛낼 것입니다. 11년 전에 참 고마웠습니다.

북

김건일

북을 때린다
잘못 살아온 나라고 생각하고
북을 때린다

친해야 할 사람들이 친하지 않고
말해야 할 사람들이 말하지 않고
우리는 얼마나 헤어져 살아야 했나

우리가 적이냐
우리가 원수냐
38선을 긋고
서로 총을 겨누고

싸울 때도
외국 세력들을 끌어들이고
서로 화해할 때도
외국 세력에 화해를 맡기고

가슴과 가슴을 열고
마음과 마음을 열어
한마음으로 통할 때
편안해지리니
북을 친다
내 가슴을 친다

−시문학사 간행 《밭 만들기》

　노 시인이 쓴 우국의 시라고 하겠습니다. 3·1운동 100주년과 한반도 정세의 중대 국면을 맞으며 어떻게 시인들은 이렇게 고요한가 하는 생각을 했었습니다. 그러던 차에 김건일 시인의 신작시집에서 이 시 한 편을 발견하고 반가웠습니다. 시인이라고 해서 결코 역사의 고비를 비켜갈 수는 없는 것이죠. 오히려 이럴 때 시인의 목소리가 더욱 필요합니다. 김건일 시인은 저의 대학 선배인 고 김태일 형의 마산고 동기동창임을 일었습니다. 김대일 형온 1960년대 대학 시절에 군사분계선에서 남북의 병사들이 우연히 만나 교유하는 소설을 썼으니 그 천재성과 용기가 대단했었는데, 참으로 아깝게 사고로 20대에 숨졌습니다. 김건일 시인은 또 세계적인 소프라노인 조수미 씨의 외삼촌이기도 합니다. 그리고 페이스북에 외손녀 김루아 양의 사진과 사연을 자주 올리는 외할아버지이기도 하시지요. 김루아 양은 인도인 사위와 김 시인의 딸 사이에서 얻은 아이인데, 미술에 탁월한 재능을 보여주고 있습니다. 강원도에서 농사일에 열중하고 계시는 시인의 노년이 복되시기만을 빌 뿐입니다.

마른 풀 없애지 마라

김경옥

가을 끝자락에 형해만 남은
풀무덤

마른 덤불처럼 힘없이
바스라질 것 같은

봄 오는 소리 듣고 서서히 잠 깨어
초록물이 벙그레진다

사이사이 마른 잎줄기 속으로 힘차게
봄이 오른다

마른 풀 없애지 마라
겨울 위해 온전히 몸과 마음 비운 그를
죽었다 하지도 마라

–책뜨락 간행 《없어져가는 것들에 대하여》

　그렇군요. "가을 끝자락에 형해만 남은 풀무덤"이 결코 죽은 것이 아니죠. "봄 오는 소리" 들리면 "서서히 잠 깨어 초록물이 벙그레"지니 단지 잠을 자고 있었을 뿐이었군요. 홍윤기 교수가 말한 이른바 '반어적 수사법'이로군요. 저와는 동향이네요. 깊은 연대에 제 모교아 가까운 여학교를 나오셨군요. 청마 유치환 선생이 교장으로 계시던 경남여고이지요. "겨레의 밭"이란 청마가 직접 지은 교훈이 생각납니다. 이 시인 교장 선생님은 여학생들에게 얼마나 인기가 있었던지 부산남여상으로 전근명이 나자 학생들이 전근 반대 데모를 했었지요. 그 교장 선생님의 훈도를 받은 제자가 예순이 넘어 시인이 되셨군요. 뉴욕에서 10년 거주하면서 해외 입양아와 입양인 문제에 관심을 갖게 되었다고 소개에서 밝혔네요. 좋은 경험들을 시로 만날 수 있게 되길 바랍니다.

파스

김귀제

그대의
하얀 등에
파스를 붙인다

옛날
스웨터의 지퍼를
내리던 곳

애먹은
밀착한 속옷
냉장고 잠자는 밤.

-알토란북스 간행 《그림자》

 이 시조를 쓰신 김귀제 선생은 1928년 평북 정주 출생입니다. 아흔한 살 이시죠. 여든일곱 살에 '현대시조아카데미'에서 시조를 배우고, 여든아홉 살에 《나래시조》 신인상으로 등단해 작년에 이어 올해 두 번째 시조집을 내셨습니다. 김 선생의 시조는 우선 감각이 새롭습니다. 부인도 구순이 다 되었을 것입니다. 그 아내의 등에 파스를 붙여주며 그곳이 젊었던 시절 잘 내려지지 않던 지퍼가 있던 곳임을 생각합니다. 이런 에로틱한 정경에 냉장고도 잠자는 체할 수 밖에 없겠죠. 아내는 늙어도 꽃입니다. 감각이 새로우시니 김 선생은 영원한 신인입니다. 그리고 해마다 시조집을 내시는 열정적인 시인입니다.

얼간이
-바람·10

김규화

좀 더 짭짤하게 부풀어오르라고 얼간이에게 바람을 넣는다

얼간이여자를 부추겨서 얼을 빼고 간이를 만든다
간이는 이 세상을 떠난 사람

어깨가 가벼운 여자는
청소를 하고 밥상을 차리면서도 콧노래를 부른다
바람은 이 여자와 결혼을 한다

바람은 여자의 운용자,
여자를 꼬드겨 춤을 추다가도
밤이면 여자를 잠재우고 잠잠해진다

꿈꾸며 떠 있는 우주의 나의 집이
밤이면 잠자며 잠잠해진다

우리 은하에서 가장 가까운 안드로메다 은하까지는
지구에서 태양 거리의 천억 배를 달려야 한다
우주에는 은하가 천 개
얼간이 여자는 충격뉴스를 모른다
밤하늘의 별들이 얼간이에게 이 말을 귀띔하고 있다

―시문학사 간행《바람하늘지기》

　1966년《현대문학》으로 등단한 김규화 시인이 열한 번째 시집을 냈습니다. 그것도 '바람' 연작시 55편을 묶었군요. 흔히 원로 시인에게서 보이는 느슨함이 이 시집에는 없습니다. 팽팽한 시적 긴장감이 시집 전체에 가득하군요. 심상운 시인은 김규화 시의 기법을 '하이퍼Hyper시'라고 정의하면서, 이는 기본적으로 관념에서 벗어난 사물의 이미지들을 인과적 논리성 없이 결합시켜 시인의 상상력의 비약을 최대화 하고자 하는 현대시의 기법이라고 해설에서 썼군요. 프랑스의 슈르레알리즘을 연상시키는 기법입니다. 인용한 작품은 우리가 상가商家에서 흔히 보는 풍선 인형을 다루고 있습니다. 얼간이 인형에서 비롯된 상상력이 우주로 펼쳐나가는군요. 이 한없는 시적 확장을 보며 시를 쓰는 일은 꿈꾸는 일이라는 생각을 하였습니다.

뒤통수만 봐도 눈물이 나네

김남규

당신이 한 말이다
등 돌리며 한 말이다

감추지 못한 표정
뒤통수에 그려졌을까

베개가
뒤통수만큼 눌린다
잘 때마다 운다

당신이 한 말이다
등 뒤에 한 말이다

얼굴을 버리면서
현관을 나선다

문틈에

당신 얼굴 끼어 있다

뒤통수로 보았다

― 발견 간행 《밤만 사는 당신》

    2008년 조선일보 신춘문예에 당선한 김남규 시인의 두 번째 신작 시조집입니다. 현대시조100인선 《집그리마》란 선집도 있고, 《한국 근대시의 정형률 연구》란 연구서도 있지요. 도서출판 고요아침에서 책도 편집하는 매우 부지런한 시인입니다. 늘 젊은 시인으로만 여겨왔는데 등단 10년이 넘었네요. 인용한 작품은 무척 슬픈 이야기를 담고 있으면서도 매우 재미있게 읽힙니다. 삶의 진실은 어쩌면 정면보다도 자신은 보지 못하는 뒤통수에 있는지도 모릅니다. 그래서 시인은 "감추지 못한 표정"이라고 쓰지요. 이번 작품집을 읽으면서 김남규 시인은 이제 자유시를 쓸지도 모르겠다는 생각이 들었습니다. 그의 상상력과 사유가 정형을 벗어나려 몸부림치는 듯한 느낌을 받았기 때문입니다. 시인이 지금까지 충실히 연습해 체질이 된 정형률이 큰 도움이 될 것입니다.

순교

김남조

예수님께서
순교현장의 순교자들을 보시다가
울음을 터뜨리셨다
나를 모른다고 해라
고통을 못 참겠다고 해라
살고 싶다고 해라

나의 고통이 부족했다면
또다시 십자가에
못 박히련다고 전해라

-열화당 간행 《충만한 사랑》

　늘 궁금하였습니다. 사랑으로 가득하신 주님이신데, 주님의 이름으로 죽어가는 저 처절한 순교의 현장을 보신다면 무엇이라 하실까? 그 답을 들었습니다. "나를 모른다고 해라" 주님의 얼굴을 밟고 지나가는 것으로 배교의 척도로 삼고자 했던 역사상 잔인한 현장에 대한 주님의 대답이었습니다. 구순으로 접어드신 선생님. 평생을 시에 헌신하신 그 경건함이 들은 주님의 대답이기도 했습니다. 19세기 후반 영국의 시인, 비평가, 교육자였던 매슈 아널드는 시가 종교를 대체할 수 있다고 말했었지요. 선생님의 이번 열여덟 번째 시집을 읽으며 그런 생각을 하였습니다. 노년을 생각할 때 제가 늘 떠올리는 말은 사랑입니다. 선생님의 시집을 보며 제 생각에 대한 확신을 가질 수가 있었습니다. 선생님께서는 "오래 살았기 때문에 알게 된 것이 많다."고 말씀하셨지요. 제게는 대학 대선배님이기도 한 선생님. 서문에서 쓰신 것처럼 또 한 권의 시집을 보여 주소서.

안녕하세요, 고갱 씨

김밝은

찰나가 낙원이라고
살짝 귀띔만 해주세요
저기 푸른 밀밭 사이로 거침없이 뛰어들어 보게요

우울한 몸짓은 잠깐,
이곳에서는 당신이 전설이잖아요
건조해진 눈 속에 무지개를 넣어주면,

그늘이 넓은 모자를 쓰고
우아한 향기로 멋을 낸 양산도 들고요
물뱀 한 마리 발가락 사이에서 꼼지락거릴지도 몰라요

여기서는 시간이 너무 더디게 지나가서
어떻게 살고 있냐고, 자꾸 내가 나에게 물어요

꽃대를 꺾어도 내 살에서 핏물이 흐르고
당신을 바라보듯 그려지지 않는 그림을 자꾸만 만져요

어둠이 어슬렁거리는 시간이 오면
무지개를 품은 물보라로 사라질까요

시간은 몸으로 기억하는 것이라고
밀밭 사이로 뜨거운 바람이 일 때

당신은 또 멀리 가야 할 사람

-미네르바 간행 《술의 미학》

　폴 고갱이 타히티에서 그린 〈우리는 어디서 왔는가? 우리는 누구인가? 우리는 어디로 갈 것인가?〉라는 그림이 있습니다. 건강 악화와 빈곤, 딸의 죽음으로 자살까지 시도했던 고갱이 그의 생애에서 가장 힘들었던 1897년에 그린 작품입니다. 139㎝×374.7㎝로 고갱의 작품 중에서 가장 크고, 스스로도 이 작품을 자신의 대표작으로 꼽았습니다. 한 달 동안에 완성한 이 대작은 인간의 탄생과 삶 그리고 죽음의 3단계를 표현합니다. 소개한 시의 제목도 고갱의 그림 제목이지요. 고흐는 고갱을 "멀리서 온 사람이고, 또 멀리 갈 사람"이라고 했다네요. 역시 천재는 천재가 알아보았군요. 이 시집은 《월간문학》 편집국장인 김밝은 시인의 처녀 시집입니다. 좋은 시인을 눈 밝은 '미네르바'가 찾아냈군요. 권위 있는 《월간문학》의 '이 시대 창작의 산실'에 저를 소개해주셔서 고맙습니다.

달을 쳐다보며

김선영

달빛 한 겹 한 겹이
비단처럼 질기다
백 년을 입어도
낡거나 해어지지 않으리라
달빛 밖으로 걸어 나오는 생
원치 않는다
달은 오늘 밤 나의 긴 문장을
넝쿨처럼 잡고 오른다
나의 생 꼭대기까지
달빛 잡고 함께 오를 것이다

-시학 간행 《풀꽃 왕관》

　늘 조용하고 아름다우신 김선영 시인이 어언 팔순을 넘기셨네요. 미인도 늙는다는 말을 실감나게 합니다. 지난번에 내신 《달을 배웅하다》 이후 6년 만의 시집입니다. 그런데 지난번 시집처럼 이번에도 달을 소재로 한 시들이 많습니다. 인용한 작품에서는 "백 년을 입어도/ 낡거나 해어지지 않"는 "비단처럼 질"긴 '생'을 노래하고 있습니다. 그 생은 바로 "넝쿨처럼 잡고 오"르는 "긴 문장"이며 "생 꼭대기까지" "함께 오를 것"이라는 결기를 보여주고 있습니다. 이 시는 시인으로 살아온 생애에 대한 정의라고 하겠습니다. 〈고요의 옆자리〉라는 시에서는 "늙어가는 일"을 "하늘이 하시는 일"이라며 "도와드릴까" 하고 자문합니다. 늙음에 대한 깨달음이겠지요. 노시인의 삶이 "금향기/ 은향기/ 웃음"(눈부신 가을날)으로 가득하기를 기원하며 존경의 마음으로 이 시집을 읽었습니다.

황홀한 이별주

김선태

팔순 어머니는 작심한 듯 곡기를 끊은 채 그믐달처럼 누워 계시다
열흘째 되던 날 자식들을 불러 놓고 이렇게 말씀하셨다

"소주 한 잔만 따라 다오"

빈속에 소주는 독약과 마찬가지
당신의 질긴 목숨을 그렇게 갈무리하려는 모진 결단이었다

"너희들도 한 잔씩 따라 마시기라"

우리는 흐느끼며 서로의 술잔을 들이켰다
어머니는 그렇게 목숨을 삼키셨다

세상에서 가장 황홀한 이별주였다

－문학수첩 간행 《햇살택배》

　　영랑의 고향 강진에서 태어난 김선태 시인이 일곱 번째 시집을 내셨네요. 시인의 어머니는 곡기를 끊으신 지 열흘째 되는 날, 자식들을 불러 놓고 소주 한 잔씩 나눠 마시고 하직하셨습니다. 세상을 떠나는 여러 모습들을 보지만 이런 작별은 처음입니다. 시인은 '황홀한 이별'을 겪으셨군요. 그런가 하면 작품 〈민낯〉에서는 임종 하루 전에도 삶에의 '집착'과 죽음에의 '공포'로 괴로워하던 스승의 경우도 있습니다. 홍용희 문학평론가는 이번 시집을 "마음공부의 도정"이라고 썼네요. 관능적인 작품들도 눈에 띕니다. 그것은 생명의 발견이자 환희로 느껴졌습니다. 그러고 보니 어언 이순耳順이시군요. 지난 여름 순천에서의 재능시낭송 여름학교 때 갑작스레 부탁드린 제 청을 마다 않으셔서 참으로 감사했습니다. 덕분에 행사가 빛났습니다.

산山의 어록

김성춘

이눔아 비누는 한 개면 됐지 왜 두 개가 필요해

도 닦아 부처되라고 준 돈 그걸 함부로 쓰면 되겄냐

중놈 믿을 거 못 돼 집 버리고 떠나온 놈을 어떻게 믿어

넘치는 물량에는 향기가 없어 중은 중답게 살아야 향기지

뱃속에 밥이 적고 입속에 말이 적고 마음속에 일이 적어야지

제일 위대한 종교는? 절이 아니고 친절이지

산에 와서 뭘 채우려고 하지 마 산처럼 텅 비워

산 하나 펄펄펄 눈 속에 파묻히고

새 한 마리 펄펄펄 깃털 속에 파묻히고

꽃이 피기 시작했어 물맛이 참 좋아 이 꽃하고 살아야겠어

한 송이 꽃을 통해 산의 신성한 침묵을 느껴

오늘은 그만!

-서정시학 간행 《온유》

　제목에 '〈법정 스님의 의자〉 중에서'라는 주가 붙어 있는 것으로 보아 큰 스님의 어록이로군요. 생전에 유명한 저술가이자 베스트셀러 작가이기도 했던 스님을 저는 직접 뵙지는 못했습니다만 이 시를 통해서도 그 활달한 어법과 무소유의 철학을 배울 수가 있군요. 형의 1974년 〈심상〉 제1회 신인상 당선작이었던 〈바하를 들으며〉 등을 읽었던 감동을 기억합니다. 저로서는 처음 보았던 음악을 소재로 한 시편들이 무척 신선했고 충격적이었습니다. 그 뒤 형과는 동인지 《잉여촌》을 통해서 뵙는 사이가 되었으니 저로서는 과분한 영광이지요. 이번 시집의 제목인 《온유》는 손녀의 이름이로군요. 이승하 교수의 말처럼 "사전적 의미로 보아도 시의 의미는 통"합니다만, 멀리 독일에 있는 여섯 살짜리 손녀에 대한 할아버지의 사랑이 절절하군요. 심지어는 손녀의 글씨를 사진으로 찍어 시집에 실으셨네요. 할아버지께 시적 영감을 주고 많은 시의 소재가 되기도 했으니 온유는 시인에게 세상에게 가장 귀한 선물이군요. 음악을 가르치시다 교장으로 정년을 하시고 지금은 경주에서 부인과 함께 평안한 노후를 보내고 계시는 김성춘 형. 경주에서 얼핏 뵌 뒤 벌써 몇 년이 지났습니다. 건강하소서.

그녀

김세영

어릴 적,
몇 날을 펑펑 울게 하였던
아카시아 잎 냄새 폴폴 나던
흰 염소 같은

새벽어둠을 더듬으며
등을 두드릴 때, 나팔꽃처럼
잠 덜 깬 앞가슴을 열어주던

꽃잠의 콧숨 속에서
마주보는 민낯이
이슬방울 가득 돋은
안개꽃 같은

창밖의 비를 보며

빗줄기처럼 건반을 두드리며
방울새 노래를 불러주던

훗날,
혼자 남은 사람이
긴 장마처럼 울어주기로 약속하던

-시담포엠 간행 《버드나무의 눈빛》

    한국의사시인회 고문이며 문학의학학회 이사인 김세영 시인이 서정시선집을 내셨군요. 2007년 등단 이후 낸 세 권의 시집에서 가려 뽑은 시들입니다. 누구나 가슴 속에 묻어두었던 첫사랑의 모습이 아련하게 살아나는군요. 의사답게 그의 시에서는 의학 용어들이 자주 등장합니다. 작가노트에서 그는 시의 치유 기능에 대해 설명하고 있군요. 즉 "마음은 의식과 몸의 오감 기능과의 연계작용이므로, 마음이 따뜻해지면 우리의 몸도 따뜻해지고 부드러워진다. 그러면 혈액순환이 좋아지고 신체기능과 내분비기능 즉 홀몬기능과 면역기능도 좋아지게 된다."는 것이죠. 의사 시인으로부터 직접 들은 시의 치유 기능에 깊이 공감하였습니다. 성서 속의 누가처럼 사람의 영혼을 치유하는 의사가 되시기 바랍니다.

향기香氣를 위하여

김소엽

향기는
요란을 피우지 않는다
다만
바람의 등을 타고
살며시 날아갈 뿐이다
향기가 지나는 곳마다
메마른 가슴에
꽃을 피우고 싶다

향기는
꽃의 영혼이다

살아 있는 동안
그 진액을 퍼올리고
일생 사랑의 헌사獻士가 되어

그대가 외롭고 지쳐 있을 때
형체도 없이 그대 곁에 다가와
그대를 위로하고
말없이 떠날 뿐이다
꽃의 소망은
향기로 남는 것뿐이다

내가 이렇게 덧없이 시들어 가도
슬프지 않은 것은
눈에 보이지도 않고
귀에 들리지도 않으나
한 자락 향기로 떠돌다가
그대 가슴 서글퍼지는 황혼 녘에
어느 날 문득 그대 입가에 앳된 미소의
꽃으로 피어나기를 소망하기 때문이다

-시학 간행 《꽃이 피기 위해서는》

　이 시는 김소엽 시인이 2012년 고희 기념으로 낸 시집의 맨 마지막에 수록돼 있는 작품입니다. 작품 끝에 2005년 6월에 쓴 작품이라고 표기돼 있습니다. 고희 기념연에 제가 사회를 했는데, "미인에게도 고희는 있다."란 말을 한 기억이 납니다. 김소엽 시인은 아름다운 사람입니다. 외모와 영혼이 모두 아름답습니다. 이 시는 김 시인의 인생관을 잘 드러내고 있습니다. "그대가 외롭고 지쳐 있을 때/ 형체도 없이 그대 곁에 다가와/ 그대를 위로하고/ 말 없이 떠날 뿐", "눈에 보이지도 않고/ 귀에 들리지도 않으나/ 한 자락 향기로 떠돌다가/ 그대 가슴 서글퍼지는 황혼녘에/ 어느 날 문득 그대 입가에 앳된 미소의/ 꽃으로 피어나기를 소망"합니다. 시는 그녀의 이런 인생관을 실천하는 도구일 것입니다. 며칠 전 점심 초대를 받은 자리에서 이 시집을 받았었지요. 제가 현역 방송인일 때 인터뷰를 하러 오신 모습이 생각납니다. 저는 김 시인의 과분한 보살핌만 받았습니다. 따님을 시집보내며 조근조근 타이르시던 모습도 눈에 선합니다. 제가 아는 한 가장 여성적인 시인께서 눈이 편찮으신 것이 안타깝습니다. 부디 건강하소서.

숲의 언어

김송배

태초에 내린 이슬들이
계곡 바위틈에서 이끼를 보듬었다
푸르게 푸르게 흐드러진
적요寂寥가 하늘 치솟는 기원은
나무로 풀로 자라나서
숲 속 이끼로 안식처를 삼았다
청산靑山과 녹수綠水가 한 무리 된 이 세상에는
너와 내가 호흡하며 살아가는 낙원
새소리 물소리 바람 소리
한 자락 사랑의 언어가 울려 퍼지고
다시 계절의 향기 눈부시면
모든 생명들이 조용한 선율로
어우러져 노래하고 춤추었네
오, 신선한 한 줄기 햇살이
만물에 스며드는 대자연의 조화

태초에 내린 환희를 보전하고 있었다.

―책만드는집 간행 《나와 너의 장법章法》

　　김송배 시인의 시적 성취를 유감없이 보여주는 작품입니다. 2013년 6월 《문학의 집》 소식지 권두시로 실린 작품이기도 한데, 숲이 보여 주는 생명력을 잘 구현해 내었습니다. 이번 시집은 산문시 〈나와 너의 장법〉 65편을 1, 2, 3부로 배치하였습니다. 시로 쓴 김 시인의 인생론이자 시론으로 읽혔습니다. 저는 4부가 특히 마음에 들었습니다. 시적 긴장감이 잘 살아나 있는 작품들이었기 때문입니다. 저는 고등학교 은사인 안장현 시인으로부터 김 시인의 얘길 들었습니다. 어언 반세기 전의 얘기지요. 그러다가 시단 행사 때 처음 뵙고 무척 반가왔습니다. 저는 마치 구면인 듯했었거든요. 가끔 뵌 시인은 소탈하고 담백한 인상이었습니다. 이제 시에 더욱 전념하시겠다는 결의가 행간 곳곳에서 읽혔습니다. 시는 인생을 걸 만한 것임이 분명하지요.

밤하늘이 시를 쓰다
−서시序詩

김수복

겨울 밤하늘이 시를 쓰다
잠들지 않은 별들은 시가 될 것이다
적막강산의 눈이 멀었다
서쪽 하늘 연꽃의 미소는
별들의 노래를 한 장씩
한 장씩 넘길 것이다
늦게 오는 새벽은
시인이 될 것이다.

−서정시학 간행 《밤하늘이 시를 쓰다》

　올해는 윤동주 시인 탄생 100주년이 되는 햅니다. 일제의 감옥에서 처참하게 숨져간 영원한 청년 시인 윤동주를 기리는 행사가 여러 곳에서 열리고 있습니다. 서울시인협회도 지난 2월 도쿄와 교토의 윤동주 행적을 답사하는 여행을 했었지요. 김수복 시인은 참 독특한 기획을 했습니다. 1955년 윤 시인의 10주기를 기해 시 88편과 산문 5편이 수록된 《하늘과 바람과 별과 시》가 나왔는데, 이 작품들 모두를 대상으로 한 화답시집을 낸 것입니다. 윤동주의 매 작품들이 김수복 시인께 영감을 주었고 작품으로 대화한 희귀한 경험을 한 것입니다. 김재진 시인은 "그가 윤동주와도 절묘하게 몸을 섞으며 착시 현상을 만들어낸다."고 썼군요. 돌아가신 지 72년, 이렇게 후배 시인의 화답을 받는 윤동주 선생은 행복하신 분입니다. 역시 그 인생은 잔인했으나 예술은 찬란하군요.

강

김승규

다시 그날일 수 없는 강가에 나와 서면
무수한 바람으로 갈꽃은 부서지고
한빛인 그림자 속에 너는 잠겨 있구나

매듭진 세월을 풀어 낚시를 드리운다
거친 물살을 거슬러 찌르르 손악에 닿는
한때는 부신 지느러미 그 황홀턴 입질들

강어귄 어귀대로 기슭은 또 기슭대로
흘러도 흘러도 하냥 그대로인 너를
이제야 실 끝을 물고 네 곁에 와 눕는다

－책만드는집 간행 《이후의 흔적》

　　오래전 현대시조문학상 시상식에서 뵙고 소식 궁금하였습니다. 박시교 시인이 쓰신 시집 발문을 보고 집안에 우환이 있어 절필 상태였다는 것을 알았습니다. 그러고보니 희수와 등단 50년을 맞아 내신 시집이네요. 첫 시조집 《흔적》을 내시고 두 번째 시집을 상재하셨으니 요즘 같은 시집 풍년 시대에 참 과작이십니다. 그러나 작품의 양보다도 소중한 것은 한 편이라도 명시를 남기는 것이 시인의 꿈 아니겠습니까? 소개한 작품은 결 고운 서정시입니다. 과거와 현재를 이어 흐르는 강에서 미래를 봅니다. 이번 시집에는 동시조도 많이 보이네요. 김 시인은 동시인이기도 하고 동시조집도 내셨지요. 나이 들면서 동심으로 회귀하는 것은 인지상정으로 여겨지기도 합니다. 박시교 시인의 말처럼 저도 "만년에 별빛으로 깁게 되는 시편들이 더 영롱한 빛을 발하리라 믿어 의심치 않"습니다.

한 장 경전經典

김연동

어두운 길에 선 듯 문득 소름 돋는
오래된 유골과의 소슬한 재회였다
잊힌 듯, 잊히지 않는
핏줄 붉은 아버지

꿈에서도 아리다던 식민의 못 자국이,
모서리 닳아버린 조국이란 조약돌이
드리운 그늘의 시간
유품이가 당신은

생전의 정신처럼 더없이 맑은 하늘
구천九泉이 거기 있어 영혼이 머문다면
앞섶에 물망장勿忘章 구절
새겨주고 가시리라

귀를 기울여도 이명만 일어날 뿐,

삶과 죽음의 경계 눈을 열고 오는 소리

서늘한 낙엽이 한 장
경전으로 내린다

-시인동네 간행 《낙관》

　이 시조는 부친의 산소를 이장하며 쓴 것이라는 후기가 붙어 있네요. 같은 땅, 같은 나라임에도 국명이 세 번이나 바뀐 기막힌 시대를 살다 가신 어른이셨습니다. 김 시인이나 제 세대의 부모님들은 참으로 힘든 시대를 사셨습니다. 태어나 보니 식민지 백성이었고, 인생의 황금시대인 20대에 해방공간의 혼란과 6·25 전쟁을 겪었습니다. 그 후 오랜 기간을 가난 속에서 자녀 양육과 교육을 감당해야 했던, 허리가 휘어진 세대였지요. 이제 생전의 내 부모보다 나이가 더 들어 회고하는 부모님은 연민의 대상입니다. 더욱이 이장하며 백골로 만난 아버지의 모습에서 시인의 감회가 어떠하였겠습니까? '시인의 말'에서 "폐부를 찌르는 감동과/ 여운의 깃발을 들고/ 푸른 초원을 달리고 싶었지만/ 반전 없는 결실로/ 우울한 날이 많다"고 썼는데 그것은 모든 예술인의 고민이자 갈등이겠지요. 모처럼 의미 있는 시조집을 읽었습니다.

아기 미라 2

김영재

아기의 몸에서
영혼이 떠나가고
홀로 남은 아기는
사막 무덤 되었다
온몸의 물기가 말라
썩지 못한 주검이었다

주검도 삶이라고
말을 걸고 있는 아기
까만 눈동자 먹구슬
사막 농장의 포도알
이승의 짧은 생애가
별들을 바라보았다

−책만드는집 간행 《녹피경전》

　영재 형, 우리 알고 지낸지도 40년을 훌쩍 헤아립니다. 제 시조를 꼭 연간집 《좋은시조》에 실어 주시는 형이나, 저를 '현대시조 100인선'에 추천해 주신 재영이 형이나 제게는 참 고맙고 오래된 친구들이지요. 그런 우리가 이제 종심의 강을 건넌 노인들이 되었습니다. 그러나 형은 언제나 청년의 모습입니다. 언제는 안나푸르나를 휘적휘적 다녀오시더니 이번에는 중앙아시아를 다녀오셨네요. 표제시에서 쓰셨듯이 "사람이 한 번이라도 제 가죽에 경전을 적"었을까요? 제가 인용한 작품에서는 아기의 주검을 품에 안아 썩지 않게 한 사막의 자비가 눈물겹습니다. 형이나 저나 정용국 시인의 글에서처럼 "저물어도 당당"합시다.

떨림

김영탁

국민학교 때 금자金子가 국어 교과서를 읽으면 떨렸다
그 목소리와 몸이 얼마나 떨리는지
김씨金氏 미곡상米穀商 도라꾸 조수가 시동 걸려고
엔진 구멍에 쇠파이프 넣고
온몸을 시계 방향으로 잡아 돌리면
더벅머리 조수도 온몸이 사시나무 떨듯
사람이 먼저 시동이 걸리고, 이윽고
도라꾸는 우당탕거리며 시동이 걸리는데
그때 도라꾸 떠는 모습은 금자에게 훨씬 못 미쳤다
얼마나 떨리는지 책상과 의자가 떨고,
이어서 흑판과 주전자도 떨고,
전교생과 교감 교장까지 떨고,
드디어 국민학교도 떨고
나무와 새가 떨고
바람도 떤다

그 이후 떨림은 사라지고
너도나도 무대 위의 연기파, 떠는 건 없고
날카로운 첫 키스의 떨림도 까마득해져
어쩌다 떠는 건 떤다는 약속으로 떨고
미아리고개 방울도사 복채 받고 떨고
그 떨림은 어디로 사라졌나
번개처럼 지나간 떨림

-황금알 간행 《냉장고 여자》

　1998년에 등단한 시인의 두 번째 시집이군요. 김영탁 시인의 시에는 위트가 가득합니다. 인용한 시도 어린 시절 보았던 여자 친구가 떨면서 "국어 교과서를 읽으"면 "김씨 미곡상 도라꾸 조수"에서부터 "도라꾸"까지, "책상, 의자, 흑판, 주전자, 전교생, 교감, 교장, 초등학교, 나무, 새, 바람도" 떨었다니 그 떨림이 대단했나 봅니다. 그러나 이 시인이 하고 싶은 말은 2연에 있습니다. "그" 많던 "떨림은" 다 "어디로 사라졌나"는 거죠. 이제는 "어쩌다 떠는 건 떤다는 약속"이나 있어야 떨고, "미아리고개 방울도사 복채"를 '받'아야 떠니 이제는 '떨림'이 없는 시대가 되었습니다. 그야말로 그리운 떨림이죠. 무디어진 감각과 감동 없는 시대에 대한 해학적인 풍자라고 하겠습니다. 표제 시인〈냉장고 여자〉를 비롯해 이 시집은 이 같은 풍자가 가득합니다. 그러나 깊은 메시지를 가벼운 풍자로 전한다는 데 이 시인의 미덕이 있습니다. 20년 만에 낸 시집이니 과작인 편이라고 하겠습니다. 계간 문예지《문학청춘》의 발행인으로, 출판사 '황금알'의 대표로 바쁜 일상 때문이겠지요. 돈도 많이 벌고, 좋은 시도 많이 쓰시기 바랍니다.

새벽 신문을 펼치며

김완하

새벽어둠을 가르는
자전거 급브레이크
안마당으로 툭 하고 떨어지던 한국일보
아버지 주섬주섬 일어나서
어둠 속에서 신문을 건져 올리셨다
호롱불 앞에 바다처럼 펼치셨다

확 풍기는 기름 냄새가
코에 와 닿으면
어시장 생선처럼 튀어 오르던 활자
아버지 펼치신 신문 속 세상은 내게 멀고
아릿한 별빛 꿈결 속으로
나의 유년도 함께 달려갔다

중학생이 된 어느 날,

신문이 눈에 들어오고
시가 다가왔다
내가 먹고 자랄 꿈이 거기 돋아나 있었다
신문 한 편에 실려 오는 시를 읽으며
가슴이 마구 뛰었다

이제 아버지 떠나신 빈자리
시가 내게 남았다

-천년의시작 간행 《집 우물》

 한국일보에는 오래전부터 1면에 시가 실렸지요. 장기영 사주의 명에 의해 최초로 신문 1면에 시가 실리게 되었다지요. 그것이 시인을 낳았군요. 그러고 보니 장 사주는, 한국일보는 김완하 시인의 시적 아버지가 되는군요. 그러면 이 시는 시인의 연대기와도 관련된다고 하겠습니다. 1987년에 《문학사상》 신인상으로 등단한 이래 여섯 번째인 이번 시집은 따뜻함으로 가득합니다. 송기한 문학평론가는 김완하 시인의 시세계를 "자기 수양이나 존재의 이유 등, 시인의 숙명 혹은 인간의 숙명과 같은 보편적 주제들과 불가분하게 결합되어 있"다고 보았는데, 이제 삶을 따뜻하게 관조하는 시선을 가지신 듯하였습니다. 그러고 보니 시적 연륜이나 인생의 연륜이 그럴 때가 되셨군요. 시집을 읽은 마음이 편안하였습니다.

바다와 섬

김용길

소처럼 길게 누워
바다는 종일
되새김질만 하였다

물마루 건너오는
뜨거운 바람
섬을 안아 올린다

허공에 뜨는 섬
한 번씩 뜰 때마다
시퍼런 바다의
가슴뼈가 드러났다.

-서울문화사 간행 《바다와 섬… 그리고 바람의 연주》

　제주도의 시인 김용길 선생이 고희와 등단 50년을 맞아 시·산문집을 내셨군요. 그의 시력 50년 동안 쓴 시들 가운데 고른 작품집일 텐데, 제주도를 소재로 한 시가 압도적으로 많습니다. 제주도 시인으로는 〈제주 바다는 소리쳐 울 때 아름답다〉를 쓴 김순이 시인도 온통 제주도에서 길어온 시편들로 시집이 가득하더군요. 이렇게 제주도 시인들은 시적인 곳에서 사는구나 하는 부러운 생각도 하였답니다. '바다'를 "길게 누워" "되새김질" 하는 소로 본 비유가 탁월하군요. 섬 하나 쓰기에도 부족한 우리 삶이 아닐까요? 저와는 오랜 《잉여촌》 동인이기도 한 김용길 시인. 바다를 격하고 있어 뵙긴 어렵지만 바람을 타고 오는 소식은 가끔 접하고 있답니다. 선생이나 저나 이제 건강이 제일 과제인 나이가 되었군요. 일흔 고개 잘 넘기십시다.

밥의 힘

김용범

발해국 상경 용천부上京 龍泉府 터가 남아 있는 흑룡강성黑龍江省 영안현 발해진 향수촌響水村에서는 중국 최고 품질의 입쌀이 생산되지. 기름이 자르르한 입쌀로 지은 밥을 먹어 보지 않은 사람은 밥맛을 이야기할 자격이 없어. 백 년 전 나라 잃고 두만강 건너 천 년 전 발해의 옛터에서 동토의 대지에 무논을 풀고 볍씨를 뿌린 흰 옷 입은 사람들. 밥을 퍼먹다 보면 문득 목이 메어 문득 눈시울이 붉어져, 차마 말 못할 울분이 솟구쳐… 아 이러면 안 되지. 발해국 상경 용천부 터가 남아 있는 흑룡강성 발해진 향수촌에서는 밥심으로 사는 민족들이 살고 향수 입쌀밥을 먹어 보지 않은 사람은 발해의 흥망을 이야기할 자격이 없어.

–시와문화 간행 《누가 바람의 푸른 눈썹을 보았는가》

　모처럼 스케일이 큰 시들을 보았습니다. 1974년 《심상》으로 등단한 김용범 시인이 15번째로 야심찬 시집을 내셨군요. 3부로 구성돼 있는 이 시집의 1부는 고구려와 발해의 강역에 뿌리 내려 살고 있는 중국 조선족과의 이야기들입니다. 2부는 발해의 멸망을 다룬 서사시입니다. 시인은 이를 위해 70여 차례나 현장 조사를 했다고 밝히고 있는데, 오늘날 중국의 흑룡강성과 길림성을 강역으로 한 해동성국 발해가 내부의 분열로 스스로 무너져 내렸다는 김일성종합대 박시형 교수의 《발해사》 관점을 취하고 있습니다. 매우 슬픈 역사를 신화와 함께 엮어 비장미를 더하게 함은 호메로스의 《일리아드》를 떠올리게 합니다. 3부는 서포 김만중의 소설 《구운몽》을 36편의 아리아로 구성한 것입니다. 한양대학교 문화콘텐츠학과에서 강의하면서 연혜사숙淵兮私塾이란 고구려와 발해 공부 모임을 이끈 김 교수의 소중한 성과물입니다. 앞으로 그 성과가 제자들로 이어져 나가겠지요. 그런 것이 교육의 힘이고, 제가 늘 학자들을 부러워하는 힘, 바로 그것입니다.

왕대

김일연

시베리아 잣나무 깜깜한 숲 속에서
정월 대보름달이 천천히 돌아본다
뜨거운 불덩이가 금방 덮칠 것 같다

앞발을 내디딜 듯 그 자리에 멈춘다
위엄에 찬 눈동자가 무심히 바라보며
그만한 거리쯤에서 고요히 제어한다

북한산 바위가 되어 그는 엎드려 있다
물러난 잠복지에서 세상의 흐름을 본다
한 십 년 집요한 추적 끝에야 진짜 그를 볼 수 있다

-황금알 간행 《너와 보낸 봄날》

　일제의 처절한 학살로 이 땅에서 완전히 사라진 줄 알았던 한국 호랑이가 북한산에 남아 있었군요. 그것도 바위가 되어 영원히 변치 않을 모습이 되어… 한국 호랑이의 조상인 이 시베리아 수호랑이는 "한 십 년 집요한 추적 끝에야 진짜 그를 볼 수 있"군요. 김일연 시인의 이번 시집에는 슬프고 아름다운 시조들이 가득합니다. "뼈를 다친 곳은 약으로도 고칠 수 없어/ 찜질이나 하면서 기다리는 것처럼/ 시간의 습포를 대고 기다릴 수 밖에는"(슬픔의 약) 같은 작품이나 "짐 빼고 집 내놓고/ 용돈 통장 해지하고// 내 번호만 찍혀있는/ 휴대전화 정지하고// 남기신 경로우대증 품고/ 울고 나니 적막하다"(딸) 같은 작품이 모두 그러하였습니다. 조상들이 물려준 시조라는 그릇이 참으로 귀하고, 빼어난 시인을 만났을 때 문학으로의 진가를 발휘한다는 것을 다시 한 번 발견할 수 있었습니다.

백팔계단

김장호

그대여, 백팔계단을 아시는지요?
서울시 용산구 후암동 202번 버스 종점
오른쪽으로 꺾어들면
백여덟 개 돌계단이 오체투지하듯
두 줄로 납작 엎드려
있습니다

술 마시고 노래하다
백팔계단을 올라가 봅니다
백팔염주 굴리듯
한 걸음 두 걸음 마음을 실어
계단을 오르고 오르니
숨이 턱까지 마구
차오릅니다

백팔계단 이용하는 사람치고
곡절 없고 사연 없는 삶 없다지요
생전에 아비는 날마다 계단을 밟으며
좀체 끊기 어려운 번뇌의 사슬
하나둘 끊어내었습니다
친구 빚보증 잘못 섰을 때도
위암 진단 받았을 때도
아비는 계단을 오르며 마음을
다스렸습니다

그대 마음 잡으려고
오늘 백팔계단 오릅니다
번뇌의 계단을 밟고 지나면서
시름을 녹이고 말리면 그예
적멸의 순간이
찾아오겠지요

-현대시 간행 《나는 을乙이다》-

　　지난해 우리나라는 이른바 갑甲질이 여론을 뜨겁게 달구었습니다. 특히 재벌 2세나 3세의 안하무인격인 갑질이 사회적 지탄의 대상이 되었지요. 이는 고도성장기를 살아온 한국 사회의 병폐가 드러난 것이기도 했습니다. 신문 지면에서나 대하던 을乙의 소리가 시집으로 나타났습니다. 이 시집은 을의 소리들로 가득합니다. 인용한 시에서도 후암동 백팔계단을 오르는 한 서민의 모습이 아프게 가슴을 찌릅니다. 그의 시름은 결국 "적멸의 순간"에야 마무리될 것이라는 시인의 진술이 슬픕니다. 그것이 어쩌면 "가난 구제는 나라도 못한다."는 조상들의 체념과도 맞닿아 있는 듯했습니다. 강성철 시인의 말처럼 "김장호는 천생 을의 시인이"며 "한국 시단에 갑을 문제를 최초로 부각시킨 주인공"입니다. 이 시집에 실린 작품들은 일관된 주제에 충실하면서 높은 수준을 보여주었습니다. 좋은 시집입니다.

성탄 인사 올립니다

김재홍

사장님,
내일은 오늘보다 더 추울 거라고 합니다
마침 눈이 내려 저는 비틀거리며
엉금엉금 가파른 골목을 걷습니다
사장님께선 우리 방송이
어디에도 종속되거나 누구에게도 기대지 않고
당당하게 국민의 편에 서야 한다고 하셨죠
어제 저는 밤늦도록 술을 마시고
가방도 잃고 이도 잃고
저의 시간도 잃었습니다
사장님,
해석하려 하지 않고 계몽하려 하지 않고
사실 앞에 조신하되 굴신하지 않고
판단과 선택은 시청자에게 맡기고
그저 묵묵히 가면 되는 것 아닌가요

왜 그랬을까요

왜 그때는 그토록 질문보다 답변이 많았을까요

이 골목은 옆에 사람을 세울 수 없어 좋습니다

오늘같이 추운 날이면 사장님,

왜 방송은 질문하거나

질문을 기록하면 안 되는가

왜 방송은 답변하려고만 하는가

생각은 가파른 골목을

흘러 흐릅니다

사장님께선 지금

앞도 옆도 캄캄 낭하에 서 계십니다

낭하에서 무얼 하고 계신가요

부디 질문자와 함께하면 좋겠습니다

-문학수첩 간행 《주름, 펼치는》

　이 시를 쓴 김재홍 시인은 MBC 기자입니다. 2003년 중앙일보에 시 〈메히아〉가 당선돼 작품 활동을 시작했고, 시집으로 《메히아》와 《다큐멘터리의 눈》이 있지요. 세 번째 시집이 2017년 8월 31일에 나왔으니, 최근 공영방송 사태의 진행 과정에 나온 시집입니다. 소개한 시에는 현역 방송인이 현 사태를 어떻게 보고 있는가가 잘 나타나 있습니다. 즉 "왜 방송은 질문하거나/질문을 기록하면 안 되"고/ "답변하려고만 하는"지 사장께 묻고 있습니다. 그리곤 해결 방안도 제시하고 있습니다. "부디 질문자와 함께하면 좋겠"다고 말이죠. 저는 방송사에서 30여 년 봉직했습니다만 방송사를 직접 소재로 해서 시를 쓴 것은 없는 듯한데 김 시인은 용감합니다. 그만큼 맑고, 또 확신에 차 있기 때문일 것입니다. KBS와 MBC 그리고 SBS에는 시인들이 근무하고 있습니다. 이번에 시와시학에 방송계 시인 특집을 꾸미느라 정리해 봤더니 전 현직 방송인 시인이 16명이더군요. 방송과 시는 그 속성상 잘 맞지 않을 듯한데 다소 의외였습니다. 방송계 시인들은 '시인의 섬'이란 모임도 만들었지요. 아무쪼록 방송계가 갈등을 슬기롭게 극복해 국민들의 사랑을 받는 방송, 젊은이들이 일하고 싶어하는 직장이 되길 바랍니다.

늙은 개

김종목

오랫동안 쇠줄에 개를 묶어두었다가
불쌍하여 목에서 줄을 풀어 주었지만
자유가 되었는데도 개는 그냥 엎드렸다.

때가 지난 지금에 와
무슨 짓이냐는 듯
펄펄 힘 있을 때 풀어 주지 않고 있다
기력이 쇠잔해진 지금
약올리는 거냐는 듯.

너부죽이 엎드린 채 좋아하지도 않는다
기껏 풀어 준 내가 도리어 맥이 풀려
쇠줄로 다시 목을 묶어도 개의치도 않는다.

-산지니 간행, 《무위능력無爲能力》

참 오래전부터 들어온 이름이며 읽어온 작품입니다. 1964년 '매일신문' 신춘문예로부터 시작된 수상 행진은 동시, 동화, 시조, 시에 걸쳐 1983년까지 계속됐지요. 그동안 부산일보·서울신문·중앙일보·경향신문 신춘문예를 거쳐 문공부 신인예술상, 소년중앙, MBC, 새한신문 공모에 《월간문학》 신인상과 《현대문학》 추천에까지 이르렀으니 참으로 경쟁에 강한 분입니다. 저 같은 둔재는 오로지 머리 숙여 경배할 따름입니다. 시 8,000여 편에, 시조 23,000여 수, 동시 4,400여 편에 동화, 콩트, 수필, 라디오드라마 1,300여 편을 합쳐 모두 192권에 21,400여 편의 작품이 있다니 선생님의 문학은 장강대하와도 같다고 하겠습니다. 영원히 늙을 것 같지 않던 그 천재도 이제 79세. 이번에 보여 주신 작품에서는 노년의 관조가 돋보이는 작품들이 눈에 띄더군요. 소개하신 〈늙은 개〉도 개에 빗댄 우리네 인생으로 읽혔습니다. 자유도 자유를 향유할 수 있을 때 주어야 고마운 것이지, 기력이 쇠잔해지고 난 뒤에는 아무 의미가 없는 것입니다. 심지어 "다시 목을 묶어도 개의치도 않"습니다. 종신형을 받았다가 다 늙어 출옥한 노인이 결국 목을 매어 자살했다는 기사가 연상되는 슬픈 작품이었습니다. 평생 감옥에서 산 그 노인은 자유 없는 생활이 익숙했고, 바깥세상이 오히려 감옥이었다는 이야기지요.

돌하르방

김종상

제주도의 돌하르방은
사람 모습을 하고 있는
남자의 거시기입니다

바다가 삶의 터전인 제주도는
집에 있는 사람보다
바다에 잠든 남자들이 많았기에
밤이 길고 무서운 여자들은
마음을 기댈 곳이 없었습니다

남자의 거시기를 본떠서
벙거지 쓴 돌하르방을 만들어
가까이 두고 위안을 삼은 것이
어느덧 수호신이 되었습니다

동구 밖에 세워두면
마을을 편안하게 감싸주고
대문 앞에 세워두면
집안을 지켜준다고 믿었습니다

남자 없는 마을을 품어 주고
여자뿐인 집안을 지켜주는
거시기 모양의 돌하르방

제주도에서만 수천 년을 살며
바람 많은 섬마을에서
밤이 길고 무서운 여자들의
마음을 다독거려주고
모두의 연인이 된 돌하르방

제주도의 돌하르방은
사람 모습을 하고 있는
남자의 거시기입니다

-푸른 사상 간행 《고갯길의 신화》

참 재미있는 작품입니다. 제주도의 돌하르방이 남자의 거시기를 본떠 만든 것이라는 사실을 이 시를 통해 처음 알았습니다. 얼마나 재미있었던지 이 시가 실린 시집을 읽고 살풋 든 낮잠에서 참 어이없게도 관능적인 꿈까지 꾸었답니다. 평생 동시를 써온 선생님께서 내신 시집입니다. 선생님께선 시로 작품활동을 시작하셨고, 동화와 시조, 수필도 쓰셨습니다. 저와 띠동갑이시니 80대이신데도 창작열은 더욱 불타오르십니다. 이번 시집에는 '어머니'를 소재로 한 작품이 많군요. 노시인에게 '어머니'는 어떤 이름일까를 유심히 보았습니다. 맹문재 시인은 "어머니는 자식에게 언제나 목이 메는 이름"이며 "자식의 마음속에서 밤하늘의 은하수처럼 빛"나는, "하늘 아래 첫 이름으로 불리는 것"이라고 아름다운 문장으로 찬양했군요. 시인의 80년 생애의 방점이 '긍정의 정서'에 찍혀 있음을 발견한 시집이었습니다.

회항
 -부산에게

김종해

겨울비 내리는 새해의 첫 주말
나는 너를 보려고
김포에서부터 날아올랐다
내가 가진 두 장의 날개
두 눈을 감고서도 고향 가는 길을 나는 안다
육신을 벗어난 영혼의 날기
그리움의 날기
나는 너를 보려고
시시때때 기체를 활주로로 끌어낸다
저 조그만 지상의 불빛이
우리 살아 있음의 사랑의 주소
겨울꿈들이 구름으로 떠올라 있는
네 하늘 위에서
그러나 나는 일순 멈칫거린다
접근 금지.

겨울 폭우 속에 빗장을 굳게 잠근

네 공항 위에서 몇 바퀴 돌고 돌다가

네 얼굴 언저리

두 뺨 위를 돌고 돌다가

깜박이는 비행등을 달고 회항하는

겨울의 내 사랑아

– 문학세계사 간행 《그대 앞에 봄이 있다》

나의 고향 선배이신 김종해 시인. 늘 따뜻하십니다. 지금까지 펴낸 11권의 시집, 700편 중에서 시인이 좋아하는 서정시 33편을 골라 백선제 씨의 그림을 곁들여 낸 시집입니다. 표제시는 전국의 메가박스 영화관에서 영화 상영 직전에 화면 자막으로 소개되어 SNS를 뜨겁게 달군 화제의 시지요. 제가 골라본 〈회항〉은 고향 이야기가 담겨 있습니다. 시인은 고향 생각이 나면 비행기를 "활주로로 끌어"내시는 군요. 그리고 "비행등을 달고 회항하"시니 시인은 도널드 트럼프만큼이나 부자십니다. 늘 그리운 고향은 그러나 '접근금지'입니다. 그리운 고향, 내 유년의 모습은 이제 그곳에 없습니다. 부끄러운 기억은 왜 또 그렇게 많은지요. 신경림 시인은 "아름다울 뿐 아니라 따뜻하고 넉넉하다", 유종호 문학평론가는 "은은하고 탈속한 삶에 대한 송가"라는 상찬을 붙이셨군요. 아, 제 앞에도 "추운 겨울 다 지내고/ 꽃 필 차례가 바로"와 있군요. 알려주신 선배님, 고맙습니다.

기다림

김준

산에 남은 눈 자국이 바람에 사라지고
막혔던 골목길도 이제야 풀리었고
신작로 가로수들은 봄 생각에 젖는다

　　　　　　　　　　-시조문학사 간행 《사랑하고 싶은 날》

    2003년 8월에 대학에서 정년을 맞으신 후 단시조를 쓰기 시작하신 석우 김준 선생님께서 13년 만에 2만 수 창작이라는 위업을 이루셨네요. "밥도 옷도 안 되는 시조 작업이 현대시조 문학계의 현실"이라, "시조집을 펴내는 일이 오히려 종이에게 미안한 경우도 없지 않다."고 박영학 시인은 평설에서 썼지만, 시뿐이 아니라 가치 있는 것들은 밥이 되지 않는 경우가 많지요. 인용한 작품에서는 대춘待春의 모습을 아름답게 그려내고 있습니다. 이런 서정성이 팔순 노시인을 젊게 하는 비결일 것입니다. 우리는 시 한 수 또는 한두 행에서 가르침을 얻는 경우가 많습니다. 제가 먼 여행을 망설였을 때, "두렵다 생각하면 여울물도 위험하고/ 가까이 하려하면 먼 산도 다가선다"《모든 것은 마음으로》부분)에서 용기를 얻어 떠나기로 마음을 먹었었지요. 제게는 시조문학 추천을 받을 때부터 월하 이태극 선생님께서 늘 '김준, 김제현'이란 이름으로 시조문학 소개를 펼쳐나가셨기에 존경의 이름입니다. 스승으로부터 시조문학의 정통성을 이어받아 오늘까지 어려운 일을 쉼 없이 계속하시니 참으로 장하십니다. 새해 더욱 건승하소서.

빛이 그리워

김창범

그 해 여름,
그녀의 가슴은 뜨거웠다.
중국 연길 어느 곳엔가 숨겨둔
보석처럼 빛나는 아이들,
세상이 꽃제비라 부르는 그녀의 아이들,
생각만 해도 그녀는 가슴이 뜨거웠다.
이 세상에 태어나자마자
이미 찢어지고 갈라지고 무너져간 목숨들을
가슴 깊이 쓸어안고 그녀는 울었다.
한 달에 한 번은 만나야 한다며
그리워 너무 그리워 달려가던 그녀,
봄은 아프지만 추운 겨울이 지나지 않으면
오지 않는다며 주님께 기도드리던 그녀,
밤을 새워 수많은 시들을 써내려가던 그녀가
어느 날 강을 건넜다. 날벼락처럼 두만강을 넘어가

김일성 얼굴을 달고 유튜브에 나타났다.
자기 책을 찢으며 자신을 부정하는 하얀 얼굴,
그녀는 탈북도 꽃제비도 신앙도 저주했다.
모두 속았다며 냉정하게 증언하는 그녀,
그러나 우리는 안다.
그녀의 가슴이 뜨겁다는 것을
그토록 사랑하며 눈물로 밤을 지새우며
그녀의 작은 가슴에 묻어 놓은 아이들,
누구도 찾아낼 수 없는 그녀의 아이들을 보라.
빛이 그리워,
아 빛이 그리워 통곡하던 그녀를 보라.
우리 가슴에 살아있는 그녀의 숨소리는
지난여름보다 뜨겁다.

-인간과문학사 《소금창고에서》

　창범이, 1967년의 동국대학교 교양과정부를 기억하네. 자네는 국문학과 수석 입학생이었지. 과대표였고 의젓했었어. 청강생까지 겹쳐 무척 많았던 신입생들 사이에서 우리는 별다른 우정을 나눌 겨를도 없이 헤어졌었지. 내가 학교를 옮겼기 때문이었어. 그 뒤 자네는 《창작과비평》 1972년 겨울호에 〈산〉 외 7편으로 화려하게 등단하고 1981년에는 창비시선으로 《봄의 소리》라는 시집도 냈었지. 자네는 경제지 기자로, 카피라이터로 부지런히 살고 있다는 소식은 듣고 있었는데, 목사가 됐다는 데는 좀 놀랐어. 불교 종립학교 출신으로는 의외였기 때문이었지. 그러다가 북한 선교 사역의 길로 나섰다면서? 자네는 36년 만에 제2 시집을 냈어. 일제 치하 시기만큼 긴 침묵이었어. 이번 시집에서 그간의 신산했던 삶의 흔적을 보았네. 소개한 시에서는 내가 의문을 가졌던 탈북자들의 변절에 대한 해답을 들을 수 있었어. 그랬을 거야. 그들에게 얼마나 사연이 많겠어. 이는 우리가 통일이 될 때까지 안고 가야 할 숙명이겠지. 요즘 높아가는 한반도의 안보 파고에 흔들리며 자네 시집을 읽었어. 축하해.

시로 그린 그림
―호안 미로 〈지평선 맞은편의 새들〉

김철교

그림자가 없다
청정한 하늘 너머
살아서 볼 수 없는 세상에는

지금 여기는
스모그가 가득하고
너무도 에덴에서 멀리 떨어져 있어
기억 속에서 지워지고 있는
이마고 데이

지평선 맞은편에 있는 나라의
새들은
우리를 안타까이 바라다보며
손짓을 하고 있다
당신의 원본은 아직도

오염되지 않았다고

−시학 간행 《무제2018》

　이 시를 쓴 김철교 시인은 다채로운 경력을 가진 분입니다. 그 좋다는 서울대학교 사범대학 영어과를 졸업하고도 보장된 교사의 길을 가지 않고 기업에 투신합니다. 회사 사정이 어려워지자 경영학석사와 박사학위를 취득합니다. 그리고는 경영학 교수가 되죠. 정년을 전후해 신학과 문학에 도전해 신학석사 학위와 문학박사 학위를 취득합니다. 지금은 시인과 평론가로 활약하고 있지요. 김유중 서울대 교수는 김 시인의 이런 경력을 두고 "100세 시대를 맞이해야 하는 현대인들에게 필수적으로 요구되는 멀티 플레이어적인 능력의 전형"이라고 평가했는데, 저는 김 시인이 정신의 고향으로 돌아온 것으로 생각합니다. 그와 저는 대학 동기생이거든요. 그리고 대학 시절 문학회 활동도 함께했었지요. 이번에는 국내외의 명화들을 소재로 한 시집을 냈군요. 이 시의 소재가 된 그림을 그린 호안 미로는 스페인의 대표적인 화가이며, '이마고 데이'는 하나님의 형상이란 뜻이라고 주에서 밝혔군요.

반가사유상

김추인

그대는 한 생에 나무였으리라
꽃이었다가 바람이었으리라
물이었다가 강이었다가 생육의 바다
그대 깊푸른 바다는 파도이며 근육이며 산맥이며
사랑, 그 무거운 벽이었으리라
시간의 하수인인 몸이여
우리 궁륭 같던 시간도 날마다 낡고 삭으면서
삐걱이는 벽이 아니던가 벽 속의 꿈은 튼튼해서
달아나라 달아나라
한 장 빨래를 꿈꾸지 않았던가
펄럭이는 자유이며 새이며 문이던
거지 같은 내 사랑 부처님아 또 소쩍새 운다 내가
아픈 모양이다

문 안도 문밖도 없는 사유의 존재여

나는 지금 네 몸에 주렁주렁 달린 상념의 나뭇잎들을 보고 있다

-인북스 간행 《열 가지 색깔의 시》

　우리의 금동미륵보살반가사유상과 쌍둥이처럼 닮은 목조미륵반가사유상은 일본의 국보 제1호지요. 독일의 실존주의 철학자 칼 야스퍼스가 "지상의 시간과 속박을 넘어서 달관한 인간 실존의 가장 깨끗하고, 가장 원만하고, 가장 영원한 모습의 상징"이라고 예찬했었지요. 일본에서는 그 모습에 반한 청년이 끌어안아 손가락 하나가 부러지기도 했었다지요. 그 반가사유상의 세계를 시인의 깊은 사색으로 접근하고 그려낸 작품입니다. 벌써 5년 전, 제가 개흉開胸 수술을 앞두고 고민할 때, 마침 부군께서 비슷한 수술을 받은 지 얼마 되지 않아 저를 많이 위로하고 격려해 주셨지요. 그 진심이 제게 전해와 용기를 낼 수 있었습니다. 참 고마우신 선생님. 이번에 열 분의 시인들과 등등시사等等詩社란 이름의 시선집을 내셨군요. 선생님의 시는 최근 몇 년 동안 큰 진경을 보여 이제 대가의 풍모를 띠어간다고 생각합니다. 저도 선생님의 근작시들에서 많이 배우고 있답니다.

차이

김초혜

아버지와
아들의 사랑은
서사시

어머니와
아들의 사랑은
서정시

-서정시학 간행 《멀고 먼 길》

　일찍이 〈사랑굿〉으로 일세를 풍미하신 선생님께서 할머니가 되셨군요. 이번 시집을 읽으며 손자에 대한 사랑 넘치는 시편들에서 소년시절 저의 할머니 모습을 떠올렸답니다. 인용한 시는 저와 아내가 함께 공감했던 작품입니다. 시집에 실린 시들을 읽으며 '시는 이래야 한다.'는 생각을 하였습니다. "자기도 뜻을 모르고/ 남은 더 모르게 쓰"는 시가 무슨 소용이 있겠습니까? 선생님의 짧은 시들에서 삶의 비의秘義와 깨침을 발견할 수 있었습니다. "이 일만 하고 나서/ 이 일만 끝내고 나면/ 꽃구경 가자"가 바로 우리 삶을 관통하는 정언이라고 보았습니다. 김진희 문학평론가는 선생님의 최근 시를 "노년을 향해 가는 삶에 대한 인식, 즉 저물어가는 황혼의 시간을 어떻게 이해할 것인가를 탐구하면서 인간 삶의 여정에 관한 사유를 개진시켜 왔다."고 보았군요. 저를 늘 격려해주시는 선생님께 깊이 감사하고 있습니다.

그래도 봄을 믿어봐

김형영

머지않아 닥칠지 몰라.
봄이 왔는데도 꽃은 피지 않고
새들은 목이 아프다며
지구 밖으로 날아갈지 몰라.
강에는 썩은 물이 흐르고
물고기들은 누워서 떠다닐지 몰라.
나무는 선 채로 말라 죽어
지구에는 죽은 것들이 판을 치고
이러다간
이러다간
봄은 영영 입을 다물지 몰라.
생명은 죽어서 태어나고
지구는 죽은 것들로 가득할지 몰라.

그래도 봄을 믿어봐.

−문학과지성사 간행 《화살시편》

　가톨릭에서 자신의 간절한 심정을 순간적으로 짧게 올리는 기도를 화살기도(oratorio jaculatoria)라고 하지요. 제1회 '구상문학상'을 받은 김형영 시인이 직관에 의한 단형의 시들 29편을 '화살시편'이라고 명명했군요. 인용한 작품은 '화살시편'은 아닙니다. 오염돼가는 환경을 걱정하는 시라고 하겠지요. 영화 〈인터스텔라〉에는 인간이 더 이상 살기 어려워진 지구를 떠나는 장면이 나오는데, 추위와 미세먼지가 번갈아 오는 지난겨울을 겪으며 그런 걱정도 하였습니다. 시인이 걱정하는 지구는 "생명은 죽어서 태어나고" "죽은 것들로 가득한", 그야말로 살지 못할 지옥도로군요. 그러나 시인은 "그래도 봄을 믿어봐"라며 기대의 끈을 놓지 않습니다. 시인의 걱정처럼 환경 문제는 화급합니다. 인접국들이 공조하는 유럽처럼 우리도 미세먼지와 방사능 같은 생명과 직결된 문제들을 이웃 나라와 함께 해결하는 시스템을 한시바삐 갖추어야 하겠습니다.

희망에 대하여

김호길

그 누가
희망이 없다 하나,
풀꽃보다 더 많단다.

-창연 간행 《그리운 나라》

　프랑스에 조종사 시인 생텍쥐페리가 있었다면 한국에는 김호길이 있습니다. 그는 육군 비행사를 하며 월남전에 참전했다가 대한항공 국제선 점보기 조종간을 잡았지요. 홀연 미국으로 떠나 멕시코에서 농장을 개간한 코스모폴리탄적인 사람이지요. 한동안 소식이 뜸하다가 농부 생활 30년 만에 이제는 나이가 들어 문단에 복귀했다고 하겠습니다. 이번에 보여준 시조들은 종장만으로 쓴 작품들입니다. 이를 단장시조 또는 절장시조라고 불러왔는데, 그는 홑시조라고 명명했군요. 일본에서는 757 한 줄로 된 전통시 하이쿠의 압축미를 일러 '한 줄도 길다.'고 하는데, 홑시조 120수로 이루어진 이번 시집은 그야말로 비명과도 같습니다. 소개한 작품은 그의 낙관적인 인생관을 보여주고 있습니다. 신변의 안전도 보장하기 힘든 멕시코 사막에서 원주민들과 함께 농사를 짓는 그 배포가 이런 낙관론에서 비롯된 것이 아닐까 생각해 보았습니다. 바람처럼 나타났다 사라지는 김호길 시인. 그의 시조는 짧지만 그의 삶이 그리는 궤적은 거인입니다.

작은 행복

김후란

바람은 손으로 쥘 수 없다
모든 게 사라질 허상이다
매일 부끄러운 뉴스의 범람
숨이 가쁘다

다투어 힘껏 움켜쥔 탐욕의 손
허공에 깃발로 나부끼다가
일순간 절벽 아래로 추락하는
부러진 날개들

없음이 있음인가
따뜻한 차를 나누며
비 그치니 하늘이 참 맑다고
유순한 눈빛으로 마주 웃는
작은 행복

-시학 간행 《고요함의 그늘에서》

등단 57년에 열네 번째 시집을 내셨습니다. 그 연륜과 고고한 독보獨步에 경의를 표합니다. 행복이란 엄청난 데 있는 것이 아니라 "따뜻한 차를 나누며/ 비 그치니 하늘이 참 맑다고/ 유순한 눈빛으로 마주 웃는" 평범한 것에 있음을 도란도란 일깨워 주십니다. 이를 이건청 시인은 "사람 삶의 진정성"이라고 명명하셨군요. 제게는 대학과 문단 그리고 언론계의 트리플 선배이신 김후란 시인. 여성개발원장을 지내시고 이제는 '문학의집 서울' 이사장으로 많은 문인들을 어머니처럼 품어 주고 계십니다. '음악이 있는 문학 마당'을 비롯한 문학의집의 갖가지 행사에 잊지 않고 불러주셔서 문단과 소원했던 제게 은퇴 후 새로운 제2의 길을 열게 해 주셨지요. 늘 감사한 마음입니다. 지금도 원기왕성하시지만 내내 건강하셔서 문학과 인생의 성취를 보여주시길 비는 마음입니다.

그저 세월이라고?

남찬순

누가 그랬다지.

그들은 꼭두새벽에 노크를 했다
늦게까지 피해 다니다
깊은 잠드는 시간에 기습을 했다
놀라 잠을 깬 마누라와 아이들이 혼비백산
쳐다보고 있었다

철사줄로 두 손 꽁꽁 묶여
맨발로 절며 절며

1974년 5월 남산 중턱. 명동성당이 눈앞에 십자가를 높이 들고 있는 자리. 지금은 이름도 착하게 청소년을 위한 인권교육의 현장으로 바뀐, 악명 높았던 네모반듯한 건물.

나는 군이 말하자면 그들에게 귀빈 같은 대접을 받았다. 형광등 불빛이 하얀 벽에 거울처럼 반사되는 교실이랄까. 의자에 앉아 조금만 고개를 숙이고 조는 모습 보이면 뒤에서 다가와 점잖게 깨울 뿐이었고, 손을 들면 화장실에 데려다 주었고 식사는 가만히 있어도 자동으로 날라다 주었고.

당번병처럼 내 손 하나 까딱하지 않게 해 주던 건장한 헌병들은 신성한 국방의무를 수행하던 중. 옆방으로 불려갈 때는 내 신분에 넘치는 에스코트까지 해 주었다. 원석 다이아몬드를 박은 것 같은 하이모. 칼 줄 선 카키색 군복, 파리 낙상할 것 같은 군화 차림으로.

어느 날 그곳에서 친구를 만났다. 군대 갔다 와 3년만에 처음 보는 자리. 같이 오줌 줄기를 시원하게 내뿜으며 "야! 오랜만이다" 악수를 했다. 나는 복학생의 추루한 옷차림. 그는 색깔 선명한 파란 수의를 입고 있었다. 좀 당한 듯 발가락에는 붕대가 감겨 있었고, 뒤따르던 사복은 부처님처럼 미소만 지으면서도 숨긴 눈초리로 우리들 행동을 관찰했다. 등 뒤로 "쟤는 누구냐" "3년 만에 만나는 친구요" 하는 말소리가 꽂히듯 들렸다. 밀폐된 화장실로 햇볕 한 줄이 들어오려고 애써 몸을 밀치던 오후였다.

한밤중에는 간혹 어디에선가 비명 소리가 났다. 녹음을 한 것인지 실제 상황인지는 알 수 없었지만 어느 법대 교수도 거기서 고문으로 죽었다나. 옆 의자에 같이 앉아 있던 낯선 사람들의 회색빛 표정. 말을 못하게 하니까 입은 다물고 있었지만 곧 소낙비 쏟아질 것 같은 검은 구름덩이를 무겁게 이고 있었다. 나중에 신문을 보니 유명한 소설가도 있었고 고등학교 선생님도 있었고, 아! 그중에는 몇 달 후 억울한 사연 할 말 못하고 형장의 이슬로 사라진 사람들도 있었다.

마로니에 교정에 군대가 주둔하고 냄새를 맡으려는 유령들이 두 눈을 번뜩이며 뱀 같은 혓바닥으로 강의실 주변을 핥을 그때, 나를 찾아 다녔다는 동대문경찰서 형사. 학교 앞 다방에서 만나 잠깐 물어볼 게 있다면서 짜장면 한 그릇 사주고 친절하게 잡아갔던, 형사 같지 않게 웃는 모습만 남아 있는 볼살이 통통했던 형사. 몇 년 후 경찰 기자 할 때 관악경찰서에서 다시 만나 겸연쩍게 악수를 나누었던 그 짜장면 형사. 북한을 찬양했다는 자백을 하라며 다짜고짜 뺨을 갈기고 볼펜을 던져주던 잘생긴 정보 과장. 총화유신 한자漢子 못 쓴다고 호통치면서 소설이라도 쓰라고 자술서를 강요하던 그 나이든 남산 수사관. 순시 나온 듯 좀 떨어진 곳에서 들리던 유난히 카랑카랑했던 반말 목소리의 주인공 더 높은 분. 자신의 야전침대에 눈 잠깐 붙이게 해 준 무궁화 두 개 군복 차림의 파견 장교. 그리고 석고 같은 표정으로 제대 날짜만 헤아렸을 우리 또래 그 문지기 헌병들.

그리고 선생님.
안에서 있었던 일 절대로 밖에 나가 발설하지 않고 다시는 데모도, 색깔 빨간 친구들과도 어울리지 않겠다는 내 서약서 옆에, 직접 찾아와 보증을 해 주신 선생님. 고생했다고 나오자마자 을지로 어디에선가 사주신 닭곰탕 그 맛. 꼭 한 번 뵈어야 한다고 다짐하면서도 아직 한 번도 만나지 못했고.

같은 시대에 다른 모양으로, 다른 밥줄을 붙들고 살았던 사람들. 흐릿한 활동사진처럼 떠올라 그 시절 잊지 않게 해주는 사람들. 이 시간에도 지난 세월 책장의 먼지를 털다가 쓴웃음 짓는 사람 있을 것이고 죽음의 문턱에서 기웃거리거나, 이미 왔다 갔다는 한 줄 비명碑銘으로 남아 있을 사람들.

40여 년 동안 알코올이 증발한 독주, 꼭 그 정도? 증오도 분노도 고마움도 이제는 맹물이 다 됐다고? 맹물? 좋은 말로 이름 고치고 아무 일 없었다는 듯 말끔히 햇살 받고 서 있는 서울유

스호스텔. 그곳을 지나며 그랬었지 하고 바라보는 그 어두운 내부의 끝없는 복도에는? 그저 세월이라고?

이 늦은 밤 되돌려 보니 아직도 쓴웃음이 나오기는 하네.

-나남 간행 《저부실 사람》

어느 언론인들의 모임에서 남 형이 시집을 내려 하신다는 말을 듣고 깜짝 놀랐습니다. 우리는 30대 그 푸르던 시절에 정치부 기자를 했었지요. 남 형은 그 들어가기 어렵다는 서울대학교 정치학과를 졸업하고 당대 최고였던 동아일보 기자였습니다. 동아일보에서 언론 외길을 마무리하고 두 권의 저서를 쓰신 줄은 알고 있었지만 시를 쓰시고 계신 줄은 몰랐습니다. 보내준 시집을 보니 마치 시의 원석을 대하는 듯하였습니다. 그 어떤 기교도 가공도 없는 자연의 신선함을 느꼈습니다. 또한 올해 고희를 맞는 남 형의 전 생애가 이 시집 한 권에 오롯이 담겨 있다는 생각을 하였습니다. 제목으로 삼은 '저부실'은 남형의 고향인 경북 문경시 마성면 오천1리의 본래 이름이군요. 수구초심首丘初心이라고, 노년에 그리는 고향의 추억이 애틋합니다. 고희 축하합니다. 남 형이나 저나 용케도 여기까지 온 운 좋은 사람들이라는 생각이 듭니다. 이제 시의 마을에서 함께 살게 되었으니 입주를 환영합니다.

사과꽃

도종환

아프다고 썼다가 지우고 나니
사과꽃 피었습니다
보고 싶다고 썼다가 지우고 나니
사과꽃 하얗게 피었습니다
하얀 사과꽃 속에 숨은 분홍은
우리가 떠나고 난 뒤에
무엇이 되어 있을까요
살면서 가졌던 꿈은
그리 큰 게 아니었지요
사과꽃같이 피어만 있어도 좋은
꿈이었지요
그 꿈을 못 이루고 갈 것만 같은
늦은 봄
간절하였다고 썼다가 지우고 나니
사과꽃 하얗게 지고 있습니다

－창비 간행 《사월 바다》

제가 파리 특파원으로 있던 1980년대 말, 〈전원일기〉 연출자인 김한영 PD가 포상 휴가차 배우들과 함께 유럽에 왔었지요. 그때 한국에서 베스트셀러라며 제게 주고 간 책이 도종환의 《접시꽃 당신》이었습니다. 아내와 함께 큰 슬픔과 감동 속에 읽었었지요. 도 시인이 2009년에 제21회 정지용 문학상을 받으면서 해마다 지용제 때 옥천에서 만났었지요. 시인은 이제 당당한 재선 의원이십니다. 2012년 제19대 국회의원 총선거 때 민주통합당으로부터 비례대표 후보 영입 제의를 받고 "국회의원이 되면 시는 어떻게 하나?" 하고 고민했다는데 이번 시집을 보니 그것은 기우였다는 생각이 들었습니다. 인용한 시는 매우 아름다운 서정십니다. 이런 마음의 결을 갖고 있기에 도종환은 어디서 무엇을 하더라도 탁월한 시인입니다. 최원식 문학평론가는 주요한과 김광섭의 예를 들면서 "시 이후의 정치"와 "정치 이후의 시"로 시와 현실 정치는 거의 상극이었지만 도종환은 현실 정치의 탁濁 속에서도 시의 위의를 견지할 수 있음을 훌륭하게 보여주었다고 썼군요. 국정농단 국회 청문회로 무척 바쁘셨을 때, 서울시인협회에서 부탁했던 윤동주 다이어리에 추천사를 써주신 우정에 감사합니다.

나뭇잎

동시영

나뭇잎은 미풍에도 떨린다
순간을
아! 하는 감동으로 맞으라고

세상에서 가장 설레이는 건
지금

－시학 간행 《비밀의 향기》

　일본의 하이쿠 작가들은 "시는 한 줄도 길다."고 합니다. 시의 압축미, 응축미를 잘 표현한 말이라고 하겠습니다. 그런데 우리나라에 하이쿠보다 더 짧은 시를 쓰는 시인이 등장했으니 바로 동시영 시인입니다. 동 시인의 이번 시집에는 한 줄짜리 시들로 가득합니다. "삶은 시간을 치는 목동"(목동), "은하수는 별들의 산책로"(은하수), "솔향기를 연주하는 실로폰"(솔방울), "일상은 날마다 맞는 채찍"(채찍), "예술은 예藝에 깃들인 술酒"이 모두 한 줄짜리 시들입니다. 동 시인의 이번 시집은 번잡해지는 현대시에 대한 반성과 시의 본질에 대한 환기라는 의미를 담고 있습니다. 인용한 시는 이번 시집에서 비교적 긴 편에 드는데 이와 함께 〈오감島〉라는 작품도 "삶은/ 와도 가고/ 가도 오는/ 오감島에 산다// 현주소는 지금"으로, '지금'으로 끝납니다. 동 시인의 이 작품들에 화답해서 저도 한 줄짜리 시를 써봤습니다.

지금

　　세상에서 가장 빛나는 금

땅과 바다

류영환

해안선 따라 차를 타고 가다 보니
땅과 바다가 서로
사랑하고 있다는 것을
알겠다

어떤 곳에서는
바다가 땅을 품고
다른 곳에서는
땅이 바다를 품고 있으니

좋겠다, 아이들이나 쑥쑥 낳으면

-시학 간행 《축제, 그 빛》

　83세의 류영환 시인이 이제 목숨 걸고 시를 쓰고 계시다는 것을 알겠습니다. 최근에는 거의 매년 신작시집을 내시는군요. 인용한 작품에서는 류 시인 미학의 절정을 보았습니다. 우선 자연을 보는 눈이 순수 그 자체이고, 시어 구사도 완벽의 경지에 이르렀다고 보았습니다. 그러면서 읽는 이로 하여금 가벼운 미소마저 짓게 하시니 대가의 풍모십니다. 이번 시집에는 신앙시적 접근이 많이 보이네요. 연세로 짐작해도 종교에 깊이 심취해 계심을 알겠습니다. 유성호 문학평론가는 이번 시집을 "류영환 시력詩歷의 미학적 정점이자 새로운 시력을 향해 한 걸음 더 나아가는 빛의 순간"으로 평가했군요. 제게는 고등학교 10년 선배시기도 한 노시인의 시집을 경배하듯 읽었습니다. 축하드리고, 영육靈肉의 건강을 기원합니다.

광복절 아침

류인채

그는 조니워커에 콜라를 타서 먹였어
나는 입 벌린 키조개처럼 주르륵 흘러내렸어
술집 바깥에는 통행금지 사이렌이 울리고
비비추 화단에 박혀있는 나를 추켜올리며 그가 속삭였지
그는 밤새 손만 잡고 얘기하자고 했지
그의 방은 불가마였어
낙지 같은 손이 진홍색 물방울무늬 원피스를 벗기고
브래지어 훅을 풀고
오빠만 믿어
곤죽이 된 나는 손 하나 까딱 못했던가 어쨌던가
우리 정말 얘기만 할 거지?
응, 오빠만 믿어,
돌연 빨판 같은 입술이 내 말을 덮쳤어
순간 그가 처음으로 내 몸을 열고 들어왔어
아랫배를 감싸고 울자 그는 더 큰 소리로
글쎄, 오빠만 믿으라니까,

아침에 창문을 여니 태극기가 바람에 찢어질 듯 펄럭였어
비로소 스물한 살이 해방된 거래
나는 오빠만 믿다가 눈도 코도 없는 아침을 낳고
마침내 여자가 되었지

그날, 광복절 태극기가 온종일 나부꼈대나 어쨌대나

— 황금알 간행 《거북이의 처세술》

　　류인채 시인의 이번 시집에는 에로틱한 시들이 꽤 눈에 띄네요. 에로틱하다는 것은 생명력이 충만하다는 것입니다. 이 시도 그렇지만 고양이들의 교미를 그린 〈밤꽃〉 같은 작품도 관찰력과 묘사력이 뛰어납니다. 그리고 인용시에서 '여자가' 된 날 아침에 "광복절 태극기가 온종일 나부꼈"다는 것처럼 시선을 슬쩍 곁으로 돌리는 것이 위트가 있습니다. 이런 위트가 사안의 심각성을 누그러뜨리는 역할을 하지요. 손진은 교수는 "그의 서정의 자장 안에는 모든 존재가 유기적으로 연결된, 관계망을 향한 풍요로운 상상력이 깔려 있다. 그런 열린 시각이 이번 시집의 시편들에 들어오면서 새로운 서정을 만들어가고 있다."고 보고 있군요. 류 시인은 1988년에 시집 《나는 가시연꽃이 그립다》를 출간하며 작품활동을 시작했으나 2014년에 제5회 '문학청춘' 신인상으로 재등단했고, 올해는 국민일보 신춘문예에 당선하는 등 기염을 토하고 있습니다.

힘

문무학

힘내라,
죽을 그때도

죽을 힘이
필요해

—학이사 간행, 《홀》

　시조의 종장만으로 한 편을 만들어낸 단형 시조로군요. 12자로 된 짧은 시이지만 담고 있는 내용은 결코 가볍지가 않습니다. 어쩌면 죽을 때 내야 하는 힘이 우리가 평생 쓰는 힘 가운데 가장 큰 힘일지도 모르겠습니다. 그러니 살기 위해서는 당연히 힘을 내야 하지요. 문무학 시인은 "하나가 아닌 것들은 모두가 다 가짜"라는 전제하에 시집 제목을 《홑》이라고 붙였습니다. 그리고는 작품 제목을 모두 한 자로 통일했습니다. 자연과 인간 그리고 문화를 소재로 한 각 36수 씩의 짧은 시조 108편으로 한 권의 시집을 꾸몄습니다. 최초의 현대시조집인 육당의 《백팔번뇌》를 염두에 둔 야심찬 실험입니다. 문무학 시인의 이런 시도는 일본의 하이쿠에서 영향을 받은 것으로 보입니다. 17자로 극서정의 세계를 보여주고, 그것이 일본적인 것으로 인식돼 에즈라 파운드를 비롯한 서양의 시인들이 영어나 그들의 언어로 하이쿠를 짓고 있기 때문이죠. 또한 '작은 것이 아름답다'는 E.F. 슈마허의 명제가 세계적인 화두로 등장한 영향으로도 보입니다. 우리나라에서도 노산의 양장시조나 절장시조 등의 시도가 있어왔지요. 시조가 아니더라도 신세훈 시인은 민조시라는 새로운 단형 정형시를 들고 나왔고, 박희진 시인은 1자 시까지 시도한 판에 시조만 7백 년 전통을 지키고 있으라고 말하기도 어렵게 됐습니다. 문제는 완성도입니다. 노산의 "소경되어 지이다"는 양장시조여서가 아니라 "뵈오려 안 뵈는 임/ 눈 감으니 보이시네// 감아야 보이신다면/ 소경되어 지이다"라는 작품이 워낙 탁월하여 명작이 된 것입니다. 결국 작품성이 종장만으로 시조 짓기라는 새로운 시도의 성패를 결정하게 될 것입니다.

엄마 향기

문삼석

심심할 때
사과! 라고 말해 봐.
향긋한 사과 향기가
금세 코끝에서 맴돌지 않니?

마찬가지야.
너에게 어느 날
외로움이 살며시 찾아오거든
엄마! 라고 가만히 불러 봐.

사과보다 더 짙은
엄마 향기가
한달음에 달려와 너를
이불처럼 포옥
감싸줄 테니.

-아침마중 간행 《우리들의 모자와 신발》

　저는 좋은 동시는 어른들이 읽어도 감동을 받는 시라고 생각합니다. 제가 어릴 때 읽었던 동시와 동화는 지금 떠올려도 감동이 전해오거든요. 소개한 동시도 그러합니다. 시인은 분명히 어린이들을 대상으로 쓰셨습니다만 어른이 읽어도 그 감동이 전해옵니다. 아니 어쩌면 경험의 폭이 훨씬 더 큰 어른이 더 큰 감동을 느끼게 되지 않을까요? 아동문학은 최후의 문학 장르라는 말도 선생님께 듣고 공감했었습니다. 한때는 자주 뵈었습니다만, 동시집을 받고 보니 참 오랜만입니다. 그때는 건강 문제로 고심하시더니 요즘은 어떠신지 궁금하기도 합니다. 시인의 만남은 이렇게 시로 이루어지는 것이 참 만남이라는 생각을 저는 요즘 하고 있답니다. 또 뵙겠습니다. 선생님.

토불 土佛

문정희

잘 가요 내 사랑
나는 진흙 속에 남겠어요
나무와 나뭇잎이 헤어지듯
그렇게 가벼운 이별은 없나 보아요
당신 보내고 하늘과 땅의 가시를 홀로 뽑아내요
끝까지 함께 건널 줄 알았는데
바람이 휘두르는 칼날에 그만 스러집니다
사랑이라는 이름조차 때로 집어등 集魚燈 처럼
사람을 가두고 눈멀게 하네요
나 모르는 것을 숨기고 있다가
진흙탕, 가장 깊은 진흙탕에 넘어뜨리네요
더 이상 갈 곳 없어 광활한 심연
꽃도 죄도 거기 녹이며
검은 씨앗으로 나 오래 어둡겠어요
당신이 또 다른 이름이 되어 가는 동안

홀로의 등불을 홀로 끄고 켜는

작은 토불이 되어 뒹굴겠어요

-민음사 간행, 《응》

 1965년의 가을, 성균관대학교의 전국 고교생 백일장 시상식장에서 처음 보았지요. 시조부에서 장원을 한 진명여고 교복을 입은 여학생이었습니다. 그 2년 뒤 동국대학교에서 만났지요. 제가 대학 입학이 늦어 저보다 1년 상급생이었습니다. 그렇게 우리의 청춘은 흘러갔습니다. 그 뒤 7개국에서 시가 번역 출판된 세계적인 시인이 되고, 신문 칼럼난에서도 보고, 커피 광고에서도 만나는 유명인이 되셨습니다. 이번 시집을 읽으며 문 시인은 시가 떠오르면 '응' 하고 앓는 소리를 내는 습관이 있음을 알았습니다. 시마를 영접하는 인사겠지요. 프랑스 시인 미셸 메나세는 "문정희는 국경을 초월한다. 그녀는 세계적인 반항자인 것이다. 그녀의 시는 범속한 묘사, 즉각적인 감각으로 우주적 메타포와 결합한다."고 평했군요. 새 책이 나올 때마다 잊지 않고 보내주셔서 고맙습니다. 이번 시집을 읽으며 모처럼 옛날 생각에 젖었답니다.

외할머니의 시 외는 소리

문태준

내 어릴 적 어느 날 외할머니의 시 외는 소리를 들었습니다
어머니가 노랗게 익은 뭉뚝한 노각을 따서 밭에서 막 돌아오셨을 때였습니다.
누나가 빨랫줄에 널어놓은 헐렁하고 지루하고 긴 여름을 걸어 안고 있을 때였습니다
외할머니는 가슴속에서 맑고 푸르게 차오른 천수泉水를 떠내셨습니다
불어오는 바람을 등지고 곡식을 까부르듯이 키로 곡식을 까부르듯이 시를 외셨습니다
해마다 봄이면 외할머니의 밭에 자라 오르던 보리순 같은 노래였습니다
나는 외할머니의 시 외는 소리가 울렁출렁하며 마당을 지나 삽작을 나서 뒷산으로 앞개울로 골목으로 하늘로 가는 것을 보았습니다
가만히 눈을 감고 생각해보니 석류꽃이 피어 있었고 뻐꾸기가 울고 있었고 저녁때의 햇빛이 부근에 있었습니다

그런데 외할머니는 시를 절반쯤 외시곤 당신의 등뒤에 낯선 누군가가 얄궂게 우뚝 서 있기라도 했을 때처럼 소스라치시며
남세스러워라, 남세스러워라
당신이 왼 시의 노래를 너른 치마에 주섬주섬 주워 담으시는 것이었습니다
외할머니의 시 외는 소리를 몰래 들은 어머니와 누나와 석류꽃과 뻐꾸기와 햇빛과 내가 외할머니의 치마에 그만 함께 폭 싸였습니다.

-문학동네 간행 《내가 사모하는 일에 무슨 끝이 있나요》

봄과 함께 문태준의 시집이 나왔습니다. 그의 시꽃이 활짝 피어 이 봄이 더욱 예쁩니다. 외할머니처럼 "남세스러워" "너른 치마에 주섬주섬 주워 담"는 마음으로 시를 써야 할 텐데, 참으로 남세스럽기만 합니다. 이홍섭 시인은 "문태준의 시를 읽을 때는 마치 숨결을 엿듣듯, 숨결을 느끼듯 해야 한다."고 했군요. "그렇게 하지 않으면, 그의 시는 모래알처럼 스르르 손가락 사이로 빠져나가버리거나 새털구름처럼 허공에 흩어져버리고" 말기 때문이라지요. "그의 시는 어린아이의 숨결, 어머니의 숨결, 사랑하는 연인의 숨결처럼 맑고 온유하며 보드라운 세계로 열려 있기 때문이"랍니다. 시집에 실려 있는 시 한 편 한 편이 모두 맑고 온유하고 보드랍군요. 소월이 살아난 듯한, 미당이 살아난 듯한 놀라움과 기쁨으로 읽었답니다.

거머리

문현미

초등학교 3학년 때의 일이었습니다 외할머니댁은 초가집이었는데요 마을에서 뚝 떨어진 외진 곳에 있었습니다 거랑을 사이에 두고 서너 채의 집이 있을 뿐 사방 천지가 논밭이었습니다 뒷 방문을 열면 바로 논이어서 파란 벼들을 코앞에서 볼 수 있었고 손을 뻗쳐 까만 열매를 따 먹곤 했습니다 동네 아이들과 어울려 팬티만 입고 이리저리 돌아다니다가 냇가에서 홀랑 벗고 멱을 감곤 했는데요 그날도 마찬가지로 물장구를 치며 신나게 놀았습니다

그때 갑자기 앞집 철이가 악을 쓰며 울기에 봤더니 고추에 까만 거머리가 달라붙어 꼼지락거리고 있었습니다 모두 겁이 나서 다가서지 못하고 있었는데 어쩐 일인지 내가 용기가 생겼습니다 급한 나머지 흙을 움켜 쥐고 털어보려고 했지만 잘 떨어지지 않았습니다 그래서 사정없이 두 손으로 비볐더니 놀랍게도 말랑한 젤리 같은 게 점점 커져 곧 터질 것만 같았습니다 거머리가 떨어져 나갔는지가 문제가 아니라 이상하게도 발갛게 부풀어

오른 게 땡볕이 내리쬐는 여름 하늘을 향하고 있어서 마냥 신기하기도 하고 무섭기도 했습니다 몸에 붙어 있던 것이 눈 깜짝할 사이에 모양이 달라진다면 그게 어디 예삿일인가요 그때부터 나는 손에 묘한 위력을 느끼면서 '왜 내게는 똑같은 게 없을까' 궁금해지기 시작했습니다 그리고 거머리 떨어진 자리 대신 뽀송하게 피어나는 꽃잎 한 장을 오버랩시켰습니다 아! 그토록 기다리던 방학이 못내 두렵고 쑥스러워 자꾸만 거울을 들여다보곤 했습니다

―시월 간행 〈바람의 뼈로 현을 켜다〉

그랬군요. 참으로 재미 있는 유년 체험을 시로 풀어냈습니다. 이 시를 읽으며 꽤 자라서까지 어머니를 따라 여탕에 다니던 저의 유년 시절을 떠올렸습니다. 저는 목욕탕에서 저희 반 여학생을 만나 탕 속에서 나오지 못했던 사건 이후 여탕 행을 그만 두었지요. 문현미 시인은 독일 본대학교에서 박사학위를 받은 분입니다. 현재는 시를 쓰면서 백석대학교 부총장으로 재직하고 있지요. 출신지인 《시와시학》 김재홍 교수의 현대시 자료들을 기증받아 '산사현대시100년관'을 개관하고 박영대 화백의 작품 137점을 기증받아 '보리생명미술관'도 개관하는 업적을 쌓았지요. 저와 문 시인은 동향인데 그 덕분으로 몇 차례 백석대가 있는 충청도 구경을 할 수 있었습니다. 요즘은 사라진 활판인쇄로 찍은 시 100편을 읽으며 즐거웠습니다. 역시 시는 시인의 얼굴입니다.

멀리 가지 마라

문효치

구름이 부딪치면
번개가 반짝이고

별빛은
어둠끼리
부딪쳐서
나온 섬광

사랑아
멀리 가지 마라
부딪쳐야
빛난다

-시월 간행 《나도바람꽃》

　1966년, 서울신문과 한국일보 신춘문예에 동시 당선한 문효치 시인의 첫 시조집입니다. 한국펜 이사장에 이어 지금은 한국문인협회 이사장으로 문단을 이끌고 계시지요. 이번 시집을 읽으며 어느새 시집 한 권 분량의 시조를 쓰신 그 열정에 놀랐습니다. 이 시조를 읽으며 문 시인은 역시 사랑의 시인이라는 생각을 했습니다. 그의 대표작과도 같은 시 〈사랑이여 어디든 가서〉를 보면 "사랑이여/ 어디든 가서 닿기만 해라"고 읊고 있거든요. 닿아야 "불이 되"고 다시 태어날 수 있다는 그의 사랑론입니다. 이 시조에서는 "멀리 가지 마라"고 당부합니다. 그래야 부딪칠 수 있고, 그래야 빛이 난다는 그의 또 하나의 사랑론을 보여 주었습니다. 이런 마음이 문 시인의 시를 젊게 하고 샘솟게 하는 원천으로 보여집니다. 바쁜 일정에도 해마다 지용제에 꼭 참여해 주셔서 감사합니다.

초의草衣의 새벽 편지
  -완백阮伯에게

민병도

한 며칠 토막잠에 그대 꿈을 꾸었더니
붓끝마다 피가 끓는 편지 그예 받는구려
적거지 만리 파도가 시퍼렇게 저며 있는

세한의 바닷바람 외투처럼 덧껴입고
유마경을 베고 잔다 소치 편에 들었거니
와중에 종경신편宗鏡新編을 겨뤄 보자 했다지요

완백阮伯이여 차茶가 없어 병이 났다 했더이까
조선의 살내 깊은 백아白芽 몇 봉 덖었거니
유천乳泉의 새벽 물소리 덤을 얹어 보냅니다

  -목언예원 간행 《바람의 길》

　한국시조시인협회 민병도 회장의 시조집입니다. 다성茶聖 초의 선사가 서성書聖 김정희 선생께 보내는 편지 형식을 취하고 있습니다. 소치小癡는 화성畵聖 허련이지요. 초의와 추사의 교유는 동갑나기로서 서로가 서로를 드높여 주는 남다른 사이였다고 합니다. 추사가 제주도에 유배되었을 때는 초의가 제자 소치를 통해 세 차례나 손수 만든 차를 험난한 뱃길을 건너보냈는데, 이 시조는 그 정황을 읊고 있습니다. 연보를 보니 이번이 열다섯 번째 시조집이로군요. 제20회 중앙시조대상 등을 받은 탄탄한 시인인데, 그는 대학에서 미술을 전공한 화가이기도 합니다. 개인전만 스물두 번을 열었으니 그 열정이 엄청납니다. 그야말로 시서화 삼절을 갖춘 전통적 선비라고 하겠습니다. 국제시조협회를 직접 만들어서 사단법인화해 이사장을 하고 계신데 그 에너지는 시조와 그림으로 계속 우리를 놀라게 할 것입니다.

함락
—사이공, 1974

민윤기

첫째날 오후 – 시가전

우리들이 그 마을에 이르렀을 때, 마을은 이미 점령된 뒤였다 마을을 둘러싸고 있던 보루는 여지없이 폭파되어 있었다 주민들은 모두 학살되어 주검들만 내버려져 있었다 마을에는 매일 누구도 해독할 수 없는 이상한 삐라들만 뿌려지고 아직도 투항하지 않은 또 다른 도시에서 들려오는 박격포 소리만 요란하였다

그 여름은 아홉 달 동안이나 끝나지 않았다 아직 끝나지 않은 죽음의 처형과 소탕의 기총수사 소리가 마지막 보루를 지키려고 맺었던 어떤 동맹도 삶의 약속들도 허망하게 짓밟아 버렸다

둘째 날 새벽 – 소년

마을은 속부터 시커멓게 타고 있었다 타면서 불똥을 튀기는

발들로 사람들은 모두 총상을 입고 있었다 "나를 쏘지 마세요 살려 주세요 종을 쳐야 하니까요" 마을에 아직도 남아 있는 교회당 앞에서 종지기 소년은 비명을 지르고 있었다 어둠 속에서 칼 같은 게 번뜩였다 칼은 무시무시한 힘을 싣고 있었다

"아버지, 종을 쳐야죠"

"아버지, 구조를 요청해야죠"

"제일 급한 건 뭘까요?"

"등화관제를 하는 거겠지"

"무너진 보루를 다시 구축하는 거겠소?"

"아니면 변절자를 잡아서 처단하는 걸까요?"

아이들은 교회당에 올라가서 종루에 남아 있는 그래도 소리 좋은 종을 치겠다고 주장했다 어른들은 모두들 지하동굴이나 다락방 같은 데 숨어 쑤근쑤근 당황한 모습을 감추려고 애썼다

둘째날 오후 – 재판

매일 재판은 계속되었다 배심원들은 매일 지각을 했으나 아무도 그들이 왜 늦게 오는지 알아차리지 못했다 사람들은 배심원들이 무엇을 하는 사람인지 왜 이 재판에 배석해야 하는지 몰

랐다 재판이 계속되는 동안 배심원들은 빠짐없이 재판에 참여했고 사람들은 여전히 배심원들이 '있는지' 몰랐다

"이 사람은 무슨 죄가 있나?"
"사치한 말로 사람들을 속인 죄."
"시인이군 그래."
"자기 죄를 시인했어."
"사기 쳐서 돈은 많이 벌었나?"
"돈 대신 바람을 벌었지. 저 봐. 하늘로 둥둥 뜨는 걸 보라우."
"그럼 큰 죄를 졌군."

셋째날 – 마지막 풍경

아아 이 풍경은 잔인하다.
이 여름은 잔인하다.
무수한 총소리가 나고, 그 뒤에
새가 우는 소리가 들려왔다.
내가 그 마을을 떠나려고 할 때 우리들이 포기할 수 없다고 믿는 구체적인 신념이 힘이 될 수 없음을 보았다 마을은 이미 소탕된 뒤였고 주민들은 주검들조차 보이지 않았다 망가진 마을 어느 집안에 굳게 쇠 채운 안마당에 세워진 바람개비만이 삐걱

대는 소리를 내고 있었다 부서진 라디오에선 아무런 음악도 들리지 않았다

-스타북스 간행 《서서, 울고 싶은 날이 많다》

 그해 1975년, 정월 초부터 4월 말까지 한 나라가 망하는 것을 보도하느라 저는 방송사에서 공포의 진저리를 쳤는데, 민윤기 시인은 그에 앞서 전쟁의 당사자로서 사선을 넘었었군요. 역사에는 많은 나라들의 흥망성쇠가 기록돼 있지만 불과 넉 달 만에 당시 세계 4위의 군사대국이라던 나라가 경제적으로는 비교도 되지 않는 상대에게 망하는 것을 보는 충격이 컸습니다. 참혹한 전쟁 내내 후방에서는 그렇게 반정부 시위를 하는 사람들이 많았건만, 심지어는 정부의 부통령마저 적의 앞잡이였건만 그들이 그토록 외쳤던 외세가 물러나고 대살육전이 끝나자 승자는 국경을 닫아걸었습니다. 그러자 또 수많은 사람들은 배를 타고 바다로 탈출해 동지나해의 고혼들이 되었고, 캄보디아로, 라오스로 목숨을 건 탈출들을 감행해 서방 세계에까지 도망갔지요. 대숙청으로 내부가 정리되자 승자는 다시 국경을 열고 자본주의를 받아들였으니 도대체 과거 그 많던 월남의 반정부주의자들은 무엇을 위해 목숨들을 걸었던 것입니까? 그 답을 전후 43만에 찾은 베트남에서, 당시 몸에 휘발유를 끼얹고 반정부를 외치며 죽어 세계에 큰 충격을 주었던 스님이 기념관에 모셔져 있는 데서 보았습니다.

허공이 직각으로 빛나는 저녁

박권숙

날아갈 듯
날아가지 못한
슬픈 사랑 붙들고선

부석사 무량수전
배흘림기둥 붉어서

목각의
가을 발자국
단청 밖으로 찍힌다

−고요아침 간행 《뜨거운 묘비》

   1991년 중앙일보 중앙시조지상백일장 연말장원으로 등단하고, 중앙시조대상, 이영도 시조문학상, 최계락문학상, 한국시조작품상, 중앙시조대상신인상을 받은 화려한 경력의 박권숙 시인이 펴낸 일곱 번째 시집이네요. 소개하는 작품은 이번 시집에서 빼어나게 아름다웠습니다. 석양 부석사의 모습을 이렇게 묘사해내기가 쉽지 않을 것입니다. 시인의 말에서 밝힌 것처럼 "눈부신 채로, 아니 눈물겨운 채로, 아니 눈 속 가득한 채로 맞이하며" "가슴 꾹꾹 눌러온 뜨거운" '말'들이 한 권 가득하네요. 시조평설을 많이 쓰고 있는 유성호 교수는 "단아하고도 간결한 형식을 통해, 오랜 세월을 지나온 이가 경험하는 고독과 적막의 시간을 담아내고 있다"고 박 시인의 시조를 총평했군요. 앞으로도 박 시인만의 작품들을 많이 보여주소서.

아름다운 너무나

박라연

우리가
누린 적 있는 눈부신 시간들은

잠시 걸친
옷이나 구두, 가방이었을 것이나

눈부신
만큼 또 어쩔 수 없이 아팠을 것이나

한번쯤은
남루를 가릴 병풍이기도 했을 것이나

주인을 따라 늙어
이제
젊은 누구의 몸과 옷과
구두와 가방

아픔이 되었을 것이나

그 세월 사이로
새와 나비, 벌레의 시간을
날게 하거나 노래하게 하면서

이제 그 시간들마저
허락도
없이 데려가는 중일 것이나

－창비 간행 《헤어진 이름이 태양을 낳았다》

 '서울에 사는 평강공주'가 새 시집을 내셨네요. 그리고 그 시집이 익산을 거쳐 오는 재미있는 경험을 하였습니다. 고구려에서 백제를 거쳐 서울에서 만났군요. 첫 시집을 내신 지 참 오랜만에 책으로 뵈었습니다. 그동안 여섯 권의 시집을 내셨고, 좋은 상도 많이 받으셨으니 성공적인 서울 생활을 하신다 느꼈습니다. 시인 자신은 "사람을 좋아하는 힘으로 산다."고 후기에서 쓰고 있군요. 김종훈 문학평론가는 "우리가 할 일은 천사의 목소리에 귀 기울이며 그의 마음을 따라 계속 확장되는 세상을 두리번거리는 것"이라고 해설에서 썼는데 참 재미있는 박라연론이라고 보았습니다. 평강공주가 서울에서 만나는 시간들은 "너무나 아름다운" 시간일 테니까요.

시옷 씨 이야기 65
-시옷 씨가 사람들에게 감사하지 않는 이유

박방희

언젠가 시옷 씨에게 '사람들에게 감사하지 않는 이유'를 물었을 때 생각하는 사람은 다음과 같이 대답했다.

"아무도 암소에게 감사하는 사람은 없지요. 매일 아침 싱싱한 우유를 마시면서도 말이지요. 젖 짜는 사람에게 감사하고, 소 치는 목동에게 감사하고, 목장주에게 감사하고, 우유 배달부에게 고마워하고, 심지어 가공업자에게까지 감사할지언정, 직접 우유를 만들어 주는 작은 암소에게 고마워하는 사람은 없지요. 그들이 식탁에 둘러앉아 식사 전 기도를 바칠 때만 해도 그렇지요. 사람들은 공손하게 하느님께는 감사해도, 또 식탁을 차린 주부와 파출부 아주머니의 손에는 감사해도 식탁이 풍성하게끔 온몸으로, 온 의지로, 온 생명, 온 사랑으로 우유를 만들고, 과즙을 달게 하고, 알과 고기를 바치는 암소나 과일나무, 닭들에겐 조금도 감사하는 법이 없답니다. 그래서 나는 사람들에게 감사하는 대신 그들에게 감사하고 있지요. 이것은 또 세상 사람들을 대신해서 하는 감사이기도 하고요."

"따라서 감사하기로 치자면 그들이 나한테 해야죠."

-고요아침 간행 《시옷 씨 이야기》

참 유쾌한 시조집입니다. 처음부터 끝까지 엷은 미소를 머금고 보게 하는 드문 시집입니다. "시옷 씨는/「생각하는 사람」의/ 첫소리 시옷을 따서/ 자기 이름을 지었다./ 그러므로 시옷 씨란/ 생각하는 모든 사람의 이름이다."라고 시인의 말에서 밝히고 있네요. 우유를 먹으며 다른 이들에게는 숱한 감사를 드리면서도 정작 싱싱한 우유의 원천인 '암소'에게 감사하는 사람은 없기 때문에 "사람들에게 감사하지 않는"다는 그 이유가 웃음 속에서 많은 것을 생각하게 합니다. 또한 "딱새도 딱하지, 목탁 속에 둥지라니/ 딱새 둥지 쳐보려니 스님도 딱하신데/ 법당 안 부처님만 빙그레/ 목탁 대신 딱새 소리!"(시옷 씨 이야기 5 – 딱새)도 무척 재미있는 작품입니다. 사소한 듯 한 것도 놓치지 않는 시인의 관찰력이 이런 가편들을 낳게 했을 것입니다. 그리 오래 발간되지는 못했던 《유심》으로 이렇게 좋은 시인이 나왔다니, 편집에 간여하였던 저로서는 흐뭇합니다.

쓰나미津波 2
−방파제

박수중

새벽의 푸른 이내嵐氣가
창틀을 넘어 밀려 옵니다
내 무의식의 바다를 건너
등대보다 높은 파도를 타고
고단한 어둠의 머리맡을 덮쳐 오는군요
수십 년 버텨온
망각의 방파제가 무너집니다
몽환 속에 다가오는 그대는
여전히 젊은 날의 풀꽃 모습인데
이렇게 고목이 된 나는 어찌하나요
그대 흔들리며 말이 없어도 내가
어떤 세파世波에 쫓겨 왔는지
눈빛만으로도 알 수 있겠지요
지난날들이 거꾸로 흘러
물에 잠겨 버립니다

투명한 그대에게 손을 뻗어 보지만
안타깝게도 닿지 않고
꿈속에서도 교차할 수 없는 시간이
쓰나미로 떠내려갑니다

-미네르바 간행 《박제》

　나이듦의 안타까움이 배어나오는 시입니다. 박수중 시인이 맞고 있는 노년은 "수십 년 버텨온/ 망각의 방파제가 무너"지고, "고목이 된 나"입니다. 그리고 "그대 흔들리며 말이 없어도 내가/ 어떤 세파에 쫓겨 왔는지/ 눈빛만으로도 알 수 있"지 않겠느냐고 물어봅니다. 박수중 시인은 서울대 법대 낙산문학회장으로 활약한 문청文靑이었으나 금융계에 투신한 이후 시 쓰기와는 동떨어진 세계를 살았습니다. 그러다가 직장을 떠나고 2010년 첫 시집 《꿈을 자르다》를 냄으로써 시인으로의 제2의 생을 시작했습니다. 강희근 시인은 요즘 문단의 한 추세가 되고 있는 나이 들어 문학을 시작하는 풍조를 '후문학파'로 명명했군요. 저는 오히려 '노년문학'의 범주에 넣는 것이 옳지 않을까 생각합니다. 이 시집은 언론에서도 다룬 좋은 시집입니다.

궁촌 왕릉
　－공양왕릉 앞에서

　박영교

고려조의 마지막과
조선을 여는 시작의 땅
백두대간 푸른 산맥 바람소리 스산한 곳

초라한
역사의 눈길
사라져간 아픈 발자국

살아 있어 욕이 되고
죽어서도 초라함이
뒤돌아볼 수 없는 뼈아픈 무덤들

조선의
칼날 앞에서

피를 쏟고 누웠다

— 천우 간행 《아직도 못다 한 말》

　삼척에 가보고 알았습니다. 그곳이 고려의 마지막 왕 공양왕이 죽어 그의 능이 있는 곳이라는 것을…. 또한 조선 태조의 조상이 살았던 곳이라는 것을…. 따라서 삼척은 고려의 마지막과 조선의 출발이 모두 있는 곳이라는 것을…. 참으로 보기 힘든 역사의 종언과 출발을 모두 갖고 있는 곳이 삼척입니다. 아마도 박영교 시인도 삼척에 와보고 느낀 감흥을 읊었을 것입니다. 자유시로 추천을 끝내고도 다시 시조 추천을 받아 시조를 주로 써오신 분. 고등학교 교장까지 지내신 원로 교육자. 이제는 '현대시조'에 매호 작품평을 쓰면서 필봉을 휘두르는 시인. 그러나 세월의 그늘은 어쩔 수없는 것임을 실감합니다. "죽는 날까지 열심히 쓸 것이"라는 자서自序의 끝말이 서늘하게 다가오는 시집이었습니다.

달

박영식

할머니는 물독에 달을 키우신다
새벽마다 우물물 길어
야윈 달을 살찌운다

튼실하게 살찐 달을
보름날 밤에
하얀 백자대접으로
정성스레 건져내어
장독 위에 올려놓고
두 손을 모으신다

군에 간 삼촌 무사하라고 싸악싹
허리 아픈 아빠 빨리 나으시라고 싸악싹
내 꼬마 키도 쑥쑥 자라라고 싸악싹

할머니 고운 손길로
오래오래 달을 궁글리면
어느새 달은
하늘 높이 떠올라
푸른 달빛을 뿌린다

그 달빛으로 달빛으로
일 년 내내 환하게
우리 가족 길 열어 주시는
할머니

—소야 간행 《바다로 간 공룡》

　집배원으로 시작해 평생 체신공무원으로 봉직한 시인의 동시집입니다. 박영식 시인은 1985년 동아일보 신춘문예에 당선한 시조시인으로 알려져 있는데 제101회 월간문학 신인상에 동시로 당선한 아동문학가이기도 하군요. 동시집으로는 처음이라고 합니다. 소개한 작품은 어른이 읽어도 좋은 시입니다. 우물물에서 달을 건져 소원을 빈다는 상상력이 돋보입니다. 할머니의 이런 정성이 자손들을 평안으로 이끌었겠지요. 저도 할아버지가 돼보니 손주가 얼마나 이쁜 것인지 알 수 있었습니다. 아, 이것을 알기 위해서는 늙어야만 하는 것이로군요. 지고의 아름다움은 내가 가진 생명의 시간을 아낌없이 써야만 볼 수 있는 것이로군요. 그러고 보니 추석입니다. 부모님이, 조부모님이 그리워지는 계절입니다.

담

박완호

공사판 목수였던 아버지는 언제나 담을 끼고 살았다.
오른쪽 왼쪽 허리를 엇박자로 오가던 담이 어깨 쪽으로 쏠리기라도 하는 날이면
어느 편으로도 돌아눕지 못하는 몸을 쓰디쓴 소주로 달래던
아버지, 툭하면 술에 취해 아무데나 엎어져 있는
그이를 간신히 데려다 방바닥에 눕히곤 했던,
마흔셋 한창 나이에 혼자된다는 게 어떤 건지
도무지 알 수 없었던 나의 사춘기는
먼저 간 엄마가 그리운 만큼 아버지를 원망하는 날들로 가득했다.
누구라도 미워하지 않고서는 도저히 견딜 수 없었던 그때,
그이는 내 미움을 쏟아부을 하나뿐인 누군가였다.
마흔셋에 떠난 엄마나 환갑도 못 채우고 간 아버지나
누구 하나 제대로 사랑하지 못하고 여기까지 와버린 나.
까닭 없이 찾아드는 담을 앓는 밤,
어디서 아버지의 신음 소리가 들려온 것 같아

아무도 없는 방 안을 여기저기 기웃거리다
어둠 속에 숨어 울먹이는 그이의 어깨를
쏙 빼닮은 얼굴 하나와 마주친다.
그이가 날마다 끼고 돌던 담 모퉁이,
언 발을 동동 굴러가며 아버지를 기다리는
열 몇 살짜리, 먼 길을 돌고 돌아
그날의 담벼락 다시 몸속에 일으켜 세우는
나와는 구석구석 참 많이도 닮아 있다.

－시인동네 간행《기억을 만난 적 있나요?》

언젠가 박완호 시인이 자신의 어머니와 아버지의 죽음에 대하여 쓴 산문을 보고 유사 경험이 없는 자신에게 바로 전이되어서 어디 사람 없는 강가에라도 가서 한나절을 실컷 울고 싶었다는 오민석 문학평론가의 심정을 공유하였습니다. '담'을 "공사판 목수였던 아버지"가 "언제나 끼고 살았"던 병과 아버지와 나를 막고 있던 '담벼락'의 동음이의어(同音異議語)로 구사하고 있는 이 시는 오 교수처럼 많은 사람에게 유사체험을 갖게 합니다. "마흔셋 한창 나이에 혼자된" 아버지의 심경을 '사춘기' 아들이 어찌 짐작이라도 할 수 있었겠습니까? 그러나 "까닭없이 찾아든 담을 앓"으며 아들은 아버지와 "구석구석 참 많이도 닮아 있"음을 발견합니다. 유사체험을 가진 저는 이 시에 더 많이 공감하고 슬펐습니다. 기침을 심하게 하던 아내에게 담이 왔습니다. 아내는 갑작스레 입원하고 홀로 남은 저는 고아처럼 쓸쓸하였습니다. 아내와 저 사이에 담은 없었는지 반성합니다.

고마운 친구들

박이도

언제부터인가
나는 나에 관한 소문을 들어 본 적이 없다

세상 친구들은 나를 잊어버렸는가 보다
참으로 고마운 일이다.

-시학 간행 《데자뷔》

　그렇군요. 세상이 나를 잊었으니 얼마나 고마운 일입니까? 저만 그런 생각을 하고 있는 줄 알았는데, 선생님 시집에서 이 시를 읽으며 크게 공감하였습니다. 이번 시집은 종교적 색채가 짙군요. 표제시 〈데자뷔〉와 〈부활의 신화〉에서는 성서에서 인용한 부분이 세 곳씩, 〈새 아침, 희망의 날에〉는 두 곳, 〈노래시계〉와 〈개가 사람을 물었다면〉, 〈사람이 개를 물었다면〉, 〈은쟁반의 금사과〉, 〈나의 빈 잔 채우시는 분〉, 〈놀라워라, 너 트럼펫〉, 〈나는 행복합니다〉에서는 각각 한 곳씩 성서에서 인용한 부분이 나오니 이 정도면 신앙 시집이라고 할 만합니다. 선생님의 요즘 정신세계가 부쩍 종교에 심취해가고 있음을 알았습니다. 몇 년 전에 '문학의 집 서울'에서 주최하는 문인극에 선생님과 함께 출연한 적이 있었지요. 그 인연으로 선생님을 가깝게 모시게 돼서 저로서는 큰 영광이었답니다.

별들의 천지

박정원

오후 여섯 시
어둠을 뚫고 달려온
강남역 2호선
객차마다 가득가득
별들을 싣고 간다

동으로 서로
밤늦도록 순환하는 열차
반짝이는 아파트 창문, 불빛
스치는 지상에도
수많은 별들이 서성이고 있다

밤하늘, 저 멀리
바람결에 전하는
어둠의 이불로 덮은 도시

산과 강물 위로 어둠을 뚫고
깜빡이며 노래하는 별들의 소리

동트는 새벽
붉어지는 빛에 밤새들은 쫓겨 가고
하나 둘, 눈 비비며
집집마다 거리마다
온통 별들의 천지가 된다

-문예운동사 간행 《오 스텔레미에》

　베트남의 호이안에 다녀왔습니다. 유네스코 문화유산인 이곳의 구시가지에는 밤이면 색색의 꽃등을 단 작은 배들이 떠다니고 있었습니다. 마치 밤의 강에 핀 꽃들 같았습니다. 귀국하고 읽은 이 시집에서는 사람들을 별들로 보고 있읍니다. 아, 시인의 선한 눈이었습니다. 밤배의 등을 꽃으로 본 나의 눈보다도 훨씬 밝은 눈을 이 시인은 갖고 있군요. 제목의 O Stelle Mie!는 '오 나의 별들아'란 뜻이군요. 박정원 시인은 주 프랑스 한국대사관 참사관과 주 블라디보스톡 부총영사를 지내신 분입니다. 그 역시 늦깎이 시인입니다. 이것이 요즘 한국 시단의 한 현상이기도 합니다. 시는 청춘의 예술이란 말은 이제 옛말이 돼 버렸습니다. 노인들의 활발한 작품 활동과 데뷔 러시가 그런 현상을 입증합니다.

무엇이 간병을 하는고 하니

박종대

부모 자식 간이 아닌
부부 간의 간병이라

정이야 정
정 말이다
한번 정이 들어버리면
한번 정에 빠져버리면
어찌된다는
그 정
어쩌다가는
더럽다 더럽다, 그건 아니고
"다랍다 다랍다"
하게는 되는
그런 묘한 정
그런가 하면

죽은 사람의 몸을 깨끗이 씻어서 수의를 입히고
염포로 묶는 일을 하는 사람도
"아무런들 이 짓도 정이 없으면 못 해먹을 것인데 그렇듯 시신과 정을 나누다가 보면 어느 사이 그 시신 언저리에 남아 있던 삶의 때라 할까유? 뭐 그런 것이 걷히고 비로소 내 마음도 편안해지거든요."
라고 한
그런 숙연한 정도

그렇지
정이 하시는 거다
그놈의 정
정이여

-책만드는집 간행 《그러던 어느날》

　장수의 저주라고나 할까요. 나날이 치매 환자들이 늘어가고 그들을 치료 보호해야 할 주간센터, 요양원, 요양병원들이 늘어가는 가운데 마침내 알츠하이머 환자의 간병을 다룬 한 권의 시집이 나왔습니다. 이 시조들을 쓴 사람은 아내를 간병하는 아흔을 바라보는 남편입니다. 그 고통이 얼마나 크면 "비가/ 천둥 번개에/ 억수로 쏟아지는/ 검정 우산 속에서/ 되는 게 있더라구요// 엉엉엉/ 염치없이 펑펑 터져 나오더라구요"(울어지더라구요)라는 경지에서 "우리 이러다 어쩌지// 이러느니/ 이러느니// 그놈의 못된 생각/ 입가에서 차란차란// 아니야/ 아무것도 아니야/ 미쳤지 내가 미쳤어"(차마 못할 말)라는 경지에까지 이르렀겠습니까? 제가 잘 아는 원로 비뇨기과 의사는 "그날 예약된 환자 30여 명이 모두 60대 이상"이라면서 "소아과처럼 노인과를 만들어야 한다."고 말하더군요. 알츠하이머만 해도 한국에서만 10년 안에 100만 명이 그 화를 입게 될 것이라니 우리 모두의 절실한 문제가 되었습니다.

그때 그 시각

박종해

자다가 깨어나 시계를 보면
3시 15분
거의 매일 밤 그 시간에 잠을 설친다.

티브이를 보다가
책을 보다가
어슬렁 어슬렁 이 방 저 방 기웃거리다가

누가 꼭 이맘때면
나를 잠에서 불러내는가
밤을 지새우며 청승스레 우는 부엉이

한밤중에 시골집 홰나무에 앉아
부엉이가 울었다.
아버지께서는 사랑방 덧문을 활짝 열어 젖히고
"훠이, 훠어이" 부엉이를 쫓았다.

나는 잠을 깨곤 했지만, 이내 코를 골았다.
호롱불을 켜고 밤새워 아버지께서는 글을 읽으신다.

아! 지금 생각하니,
아버지께서는 지금 나처럼
잠이 오지 않으셨나 보다
그러니 그때 그 시각이
어쩌면 3시 15분

―국학자료원 간행 〈사탕비누방울〉

　새벽 두 시 반에 잠이 깨어 형의 시집을 읽다가 이 시에 눈길이 머물렀습니다. "아, 형도 저처럼 새벽에 잠이 깨는구나." 하는 동병상련의 공감이 일었습니다. 그리고 새벽이면 잠 깨어 부엉이를 쫓고 호롱불을 켜고 밤새워 글을 읽으시던 형의 아버지의 모습에서 밤에 방을 들여다보면 벽에 등을 기대어 앉아계시던 선친의 모습을 떠올렸습니다. 이제 저는 그때의 아버지보다 나이를 더 먹었습니다. 이렇게 아들들은 아버지를 닮아가고 가슴 아파하며 늙어갑니다. 시에 나오는 형의 아버지는 울산 송정동에서 도산서원과 도동서원 등의 원장을 지내신 유학자 창릉 박용진 선생이시지요. 형과 저는 《잉여촌》 동인으로 오랜 인연을 이어오고 있습니다. 12권째 시집 발간을 축하드리고 봄 밤 깊은 잠에 드시기 바랍니다.

뚜껑

박준영

요구르트 뚜껑을 연다 잘 열리질 않는다 손톱으로 벗겨볼까 손톱이 벗겨진다 빨대로 뚜껑을 찔러본다 그래도 뚫리지 않는다 내주기 싫은 모양이다 제 품속의 발효된 액체를

목캔디 싼 종이를 깐다 잘 까지지 않는다 이로 간신히 반쯤 벗긴다 포장 하나도 제가 품은 알을 뺏기기 싫은 모양이다

나를 업어 키운 어머니 포대기엔 뚜껑이 없었다 어릴 때 내 책 보자기에도 뚜껑이 없었다 뚜껑 없이도 잘 자란

뚜껑이 없는 컵밥을 먹고 뚜껑을 닫는다 닫기를 좋아하는

뚜껑은 충성심이 강하다
이뭣꼬?
Who am I?

물어도 불러도 뚜껑은 열리지 않고

소주 두 병을 마셨다
"저요 저"
막 튀어오르는 뚜껑, 손가락으로 나를 간을 본다 뚜껑이 잘 열린 나를

-시와세계 간행 《중얼중얼, 간다》

선배님은 참 젊으십니다. 이번에 주신 시집을 읽으며 내내 그런 생각을 하였습니다. 평소에도 지적 호기심이 많으시고 부지런하시고 그래서 무척 바쁜 일상을 보내시지만 시 세계의 추구도 끊임이 없으십니다. 그런 부단한 변신과 노력이 선배님의 시를 이끌어가는 동력이라고 보았습니다. 선배님은 시인이시기 이전에 성공한 방송인이십니다. 저의 KBS와 SBS 선배셨지요. KBS 미디어 사장과 대구방송사장, SBS 전무, 방송위원회 상임위원(차관급), 방송영상산업진흥원장, 국악방송 사장을 지내셨으니 그 화려한 경력이 말해주듯 방송계의 원로십니다. SBS 전무로 계실 때 안장현 시인이 간행하시던 한글문학에 김규동 선생의 추천으로 등단하셨으니 시인으로는 늦깎이인 셈입니다. 그러나 특유의 부지런함으로 다섯 번째 시집을 내셨습니다. 선배님의 부단한 노력과 변신이 선배님을 늘 젊은 시인으로 이끌어가리라 믿습니다. 젊음은 영감의 샘이자 창조의 동력이지요. 축하합니다.

초록무덤

박찬일

무덤이 빙산의 일각이란다.
거대한 무덤이란다, 지구가.

무덤 위에 무덤이, 무덤 위에 무덤이
쌓이고 쌓여,

단단해졌단다. 동글동글해졌단다.
초록 풀이 입혀졌단다.

바다가 무덤 아닌가요? 죽은 자를 물에 타서,
죽은 자를 죽은 자에 타서,
초록빛을 내는,

그렇단다. 그래 지구가 초록이란다.
초록무덤이란다.

-예술가 간행 《아버지 형이상학》

　박찬일의 시를 읽으면 즐겁습니다. 사물을 뒤집어 보는 그의 시선이, 기상천외한 메타포가 경이롭습니다. TV의 다큐멘터리에서 바위가 돼버린 멸종 동물의 배설물에서 당시의 생태 지도를 그려내는 걸 보고 감탄한 적이 있었지요. 박찬일 시인의 눈으로 본 지구는 거대한 무덤이군요, 그 위에 초록 풀이 입혀졌군요. 박순영 연세대 철학과 명예교수는 '시인은 지상과 다른 세계, 즉 비존재의 세계로부터 들려오는 소리에 귀 기울이는 철학자들이'라며 '박찬일 시인은 시적 형이상학이란 이름으로 모든 존재의 본질이 비존재에 근거해 있다는 것을 해석하면서, 존재의 비밀을 열어주는 메신저'로 보았군요. 현대시가 난해하다고 말하는 사람들이 있습니다. 그러면 현대 미술은, 현대 음악은 난해하지 않던가요? 삶은 또 얼마나 어려운가요? 삶이 이렇게 어렵거늘 어떻게 시에, 예술에 쉽기를 바랄 수 있을까요?

공(空)친 날

박홍재

퍼붓는 장마전선 내리꽂는 빗줄기가
삽질하던 공사 현장 꼿꼿하게 꽂히면서
내가 할 곡괭이질도 대신하고 있었다
버스 요금 천이백 원 안 쓴 것도 다행이다
막노동 일당 대신 공치고 돌아오면
탁배기 두어 통 값에 시간까지 훑어간다
마음먹은 그대로 될 리도 없지마는
비 오고 멈추는 게 어디 그게 내 뜻이랴
손꼽아 땀 흘릴 날만 되짚어 본 하루다

－고요아침 간행 《말랑한 고집》

　새해 처음으로 받은 시집이 노동자 시인이 보내온 것이었습니다. 박홍재 시인은 노동자로서 시조를 씁니다. 인용한 작품에서도 삶의 현장이 성큼 다가옵니다. 비가 오니 오늘은 공친 것이고, 버스 요금 천이백 원도 안 쓴 것이 다행이라는 독백이 아프게 다가옵니다. 그러면서 "비오고 멈추는 게 어디 그게 내 뜻이"겠느냐고 체념하면서, "땀 흘릴 날"을 기다리는 시인의 모습이 애잔합니다. 이 시집에는 이런 삶의 현장들이 불쑥불쑥 모습을 드러냅니다. "디디는 한 발 한 발 걸려드는 철골 잔해/ 박살 난 유리조각도 날 세우고 올려본다"는 '신축 공사장', "무너진 담벼락도/ 흩어지면 외롭다고/ 서로를 보듬으며 온기를 찾아봐도/ 굴착기 등 굽은 소리/ 어깨너머 들린다"는 '재개발 지구' 같은 작품들은 그야말로 처절한 체험 속에서 쓰여진 작품임을 알게 합니다. 개인적인 감정의 유희가 넘실대고 있는 우리 시조단에 이런 땀 냄새 물씬 풍기는 시인이 있다는 것이 참으로 귀합니다. 오늘의 정신으로 계속 쓴다면 대성하시겠습니다.

붉은 달

배한봉

붉은 달을 뚫고 새 떼가 날아갔다.

외줄기 바람이 그냥, 일 없이 미루나무 가지 끝을 흔들었다.

어깨 구부정한 산줄기가
시냇가에
아무 일 없다는 듯 담백하게 낙엽 몇 장을 옮겨주었다.

붉은 달을 품은 새 떼가 어릴 때 죽은 형의 새까만 눈망울처럼 날아갔다.

자꾸 먼 곳이 만져졌다.
별이 한 번 떴다 지면 백 년이 고인다는 먼 곳.

지구의 목덜미에 찍힌 우주의 지문이 다 보였다.

너무 맑아서 담백하게 외로운

먼 곳이 자꾸, 지구인들의 거주지로 걸어오는 것 보였다.

－천년의시작 간행 《주남지의 새들》

　우리나라의 대표적인 생태시인인 배한봉 시인의 다섯 번째 시집입니다. "그의 생태시는 우포늪 혹은 주남저수지라는 실재의 공간을 기반으로 한다." 고 이형권 문학평론가는 쓰고 있군요. 그의 두 번째 시집이 《우포늪 왁새》였고, 이번 시집 제목이 《주남지의 새들》입니다. "그는 미국의 생태 철학자 소로(T. D. Thoreau)가 그랬던 것처럼 스스로 자연에 살면서 자연에 가까운 언어들을 통해 자연의 시를 노래해"온 귀한 시인입니다. "1990대 이후 이 땅에서 일관되게 생태시를 창작해온 거의 유일한 시인"입니다. 그의 생태시들은 흔히 빠지기 쉬운 구호나 주장을 벗어나 있습니다. 소개한 작품은 매우 아름답습니다. 이렇게 아름다운 서정으로 우포늪을 보여줍니다. 이것이 그의 생태시가 성공하고 있는 이유겠지요. "인간 삶과 자연의 아름다운 조화, 생명력의 본질적 순수를 향한 도정에 내 시가 있기를 늘 소망했다."는 시인의 말이 그의 시를 설명해주고 있습니다.

힘
-요한 바오로 2세

백이운

의자에 잦아들듯 힘겹게 앉혀져
손가락 하나 들 힘 겨우 남았을 때
거룩한 세상을 향해 성호를 그으시다.

힘
-달라이 라마 14세

자기 나라를 잃고 붓다의 나라를 얻다
다시는 환생의 길을 걷고 싶지 않지만
오늘도 환생한 뜻을 허리 굽혀 설파하다.

-책만드는 집 간행 《달에도 시인이 살겠지》

　1977년 《시문학》 추천완료로 등단한 시력 42년의 백이운 시인이 단시조집을 내셨네요. "손가락 하나 들 힘 겨우 남았을 때/ 성호를 그으시"던 로마 교황 요한 바오로 2세, 환생을 하지 않는 것이 깨친 자의 세계이건만 "오늘도 환생한 뜻을 허리 굽혀 설파하"시던 달라이 라마. 여기에 "이번 생이 마지막이라" "두 팔 두 다리 없는 몸통"만으로 "종로 바닥을 기어 다니"는 '은총'을 만났을 때, 아, 현생은 환생의 종결처로구나 하는 깨침을 얻었습니다. 그렇습니다. 그래서 현자들이 마지막 순간까지 축복을 주시고, 설파를 하시는군요. 모두가 스스로의 환생을 완성하는 이 세상은 얼마나 소중한지를 가르쳐 주신 거군요. 어려운 환경에서 계간 《시조세계》를 만들 때 저를 선배라고 대접하던 백이운 시인. 이번에는 제 눈의 티끌을 벗겨주시니 법法의 스승이 되셨습니다.

자부래미 마실
-永川 淸通 居祖庵 가서

상희구

강새이는 삽짝서 졸고
달구새끼는 횃대 우에서 졸고
괘네기는 실겅 밑에서 졸고
할배는 담삐라다 바지게
걸치 놓고 살핑사서 졸고
할매는 마늘 까다가 졸고
알라는 할매 젓태서 졸고
에미는 콩밭 매다가 졸고
에비는 소 몰민서 졸고

팔공산 모티는 가물가물
아지래이 속에서 졸고
영천군 청통면 신원리 마실이
마카 졸고 있는데

거조암居祖庵 영산전靈山殿

오백나한五百羅漢만

마실 지키니라고

누이 말똥말똥하다

— 황금알 간행 《대구》

　문지방만 넘어도 집집마다 다르다는 경상도 사투리로 시를 쓰는 시인입니다. 감칠맛 나는 전라도 사투리는 영랑, 미당, 송수권 등 여러 시인들이 시로 써왔지만, 거칠게 들리는 경상도 사투리는 시어로 부적합한 듯 하여 목월 등 소수를 제외하곤 시에 잘 등장하지 않았습니다. 그런데 대구 출신의 상희구 시인은 경상도 사투리만으로 일곱 권의 시집을 냈습니다. 10권을 목표로 한다 하니 이제 더 이상 경상도 사투리의 시어 적합성 여부를 거론할 여지를 막아버린 것입니다. 어느 봄날 영천군 청통면의 거조암에 갔더니 강아지, 닭, 고양이가 졸고, 할아버지는 담벼락에다 지게를 걸쳐놓고 평상에서, 아기는 할머니 곁에서, 에미는 콩밭 매다가, 에비는 소 몰면서, 팔공산 모퉁이는 아지랑이 속에서 마을이 모두 졸고 있는데, 거조암 526위의 나한만이 눈을 말똥말똥하게 뜨고 마을을 지키고 있더라는 매우 재미 있는 작품입니다. 이 작품의 미덕은 경상도 사투리로 썼다는 것뿐 아니라 시로서도 완성도가 높다는 점입니다. 그래서 상희구 시인의 경상도 사투리 시들이 성공하고 있는 거지요.

서라별 徐羅伐 2
-신라의 사계절

서석찬

봄이라 하였느냐 동야택에 앉아서
고요히 물을 길어 또, 더하는 나이테
잎새는 마음을 열고 꽃눈은 사랑 품고

여름이라 하였느냐 곡양택에 누워서
뜨거운 햇살 받아 온몸으로 도는 피
소나기 힘찬 빗줄기 무지개로 뜨고지고

가을이라 하였느냐 구지택을 거닐며
붉으락 푸르락한 결실이 꽉 찬 들판
솟구친 높은 하늘에 기러기를 전송하네

겨울이라 하였느냐 가이택 품에 안고
몰락한 욕심들의 쓰러진 시체만큼
하얗게 쌓이고 쌓이는 눈이 녹길 기다리네

-뿌리 간행《徐羅伐》

　야, 참 대단하네요. 신라를 주제로 250편의 시조를 쓰셨으니…. 우리 문학사에 길이 빛나는 미당의 《신라초》도 막상 신라를 소재로 한 것은 그리 많지 않습니다. 우선 이 엄청난 양으로 압도합니다. 저도 신라를 소재로 시를 써보려고 발버둥쳐보고 있는데, 몇 십 년이 걸려도 시집 한 권 분량이 안 되거든요. 인용한 시조에서는 신라 귀족들의 생활상을 보여줍니다. 신라에는 사절유택이 있는데, 귀족들이 철따라 자리를 바꿔가면서 놀이장소로 삼던 별장이라고 시인은 밝히고 있네요. 즉 봄에는 동야택, 여름에는 곡양택, 가을에는 구지택, 겨울에는 가이택이라는 별장이 있었다고 합니다. 황금시대 신라 귀족들이 어떻게 살았던가를 생생하게 보여줍니다. 이 영화, 이 사치. 저는 신라 시대를 우리 민족의 최융성기로 생각합니다. 한민족이라는 개념이 생긴 것도 신라에서 비롯되지요. 눈이 번쩍 떠지는 시집이었습니다.

잔盞

서정춘

왕은
또 하나의
실세實勢를 위하여
날아오르고 싶다
왕은
착지에서
부리와 꽁지 끝을
하늘로 치켜올린
새를 훔친다
그러나
훔친 새 한 마리를
도로 놓쳐 버렸다

–글상 걸상 간행 《이슬에 사무치다》

　형이 보내주신 신작 시집을 읽다가 이 시에서 문득 멈추었습니다. 시에 나오는 언어들 가운데 요즘 매스컴에서 한창 많이 쏟아져 나오는 단어가 포함돼 있었기 때문입니다. 또한 내용도 최근 사건을 예언한 듯한 느낌이 왔습니다. 32페이지에 29편의 시를 실으셨으니, 그리고 가내수공업으로 제작한 책이니 시집에 정성이 그대로 묻어났습니다. 사실 선배 시인들은 시집 한 권에 많은 시를 싣지 않으셨지요. 또한 정선한 시들을 때로는 비단으로 포장한 두꺼운 표지로 단단하게 묶고, 내지로는 천 년을 가는 우리 조선종이에 활판으로 찍어 냈었지요. 시집은 호사를 누려 마땅합니다. 언어의 보석을 담는 보석함이기 때문이지요. 그러고 보니 48년. 참 많은 시간이 흘렀습니다. 형과 제가 신아일보 신춘문예 시상식장에서 만났던 때가…. 그때 형은 시부 당선이었고, 저는 그 아래 가작이었지요. 그때 이후로 저는 형을 시의 사부로 사숙해 오고 있습니다. 김사인 시인은 이 시집을 통해 "서로 사무침을 이루는, 그 마음의 기술을 눈여겨 보"라고 권하고 있군요. 사무치게 읽었습니다.

마지막 목욕
-죽음의 형식 1

손택수

외할머니 가시고 열흘 뒤에 아버지가 가셨다
상가에 모인 사람에게 일일이 인사를 하고,
일곱 살 무렵 강에서 수영을 하다 죽을 뻔한
아들을 구해준 마을 삼촌들께도 다시 한 번
고마움을 표하는 걸 잊지 않으며
술잔을 들던 모습이 내겐 아버지의 마지막 모습이다
돌아가시기 전 아버지가 마지막으로 한 일은 목욕이란다
눈앞에 닥친 죽음을 맞기 위해 아버지는
살아서의 버릇대로 혼자서 욕실에 들어가
구석구석 이승의 때를 밀었다
그리고 나서 달력 뒷장에 정갈한 필체로
'잘 살고 간다, 화장 뿌려, 안녕.'
한마디를 남겼다 아버지가 죽음을 기다리던 그 시간
술꾼의 아들답게 나는 만취해 있었는데
제일 먼저 당도한 막냇사위 말로는

아버지 등에 박혀 있던 못이 풀렸다고 한다
평생 빠질 것 같지 않던 손바닥 못도 풀려 있었다고 한다
못도 산 자에게 박히는 것, 허리가 굽었던 사람도
죽으면 몸이 곧게 펴진다고 하더니
한평생 지게꾼으로 산 양반
아들도 해드리지 못한 안마를 죽음이 해드린 것인가
장례를 마치고 후줄근하게 땀에 전 몸을 씻다가,
멀어져가는 호흡을 놓치지 않고 귀성길 준비라도 하듯
혼자서 마지막 의식을 치르시던 아버지의 고독한 밤이 생각났다

　　　　　　　　　　－창비 간행 《떠도는 먼지들이 빛난다》

    1998년 한국일보 신춘문예에 〈언덕 위의 붉은 벽돌집〉이란 시로 많은 이들의 주목을 받으며 등단했던 손택수 시인의 네 번째 시집입니다. 이 시집을 읽으며 왜 시 낭송가들이 이 시인의 작품을 좋아하는가를 알 수 있었습니다. 인용한 시에서도 알 수 있듯이 시인의 작품 세계가 깊습니다. 그리고 이야기들을 갖고 있습니다. 그리고 낭송하기에 적합한 내재율이 있습니다. 시인의 아버지는 사생관이 분명하신 분이었군요. 이승의 마지막 날을 시인의 아버지처럼 맞이하고 싶다는 생각을 하였습니다. 그러나 "아버지 뼈를 뿌린 강물이/ 어여 건너가라고/ 꽝꽝 얼어붙었습니다// 그 옛날 젊으나 젊은/ 당신의 등에 업혀 건너던/ 냇물입니다"《담양에서》전문)에서 시인의 눈물을 읽었습니다. 어릴 적, 아버지의 등만큼 편안하고 안심되는 곳이 있었을까요? 지난봄 군산에서 만난 손 시인은 매우 쾌활하고 친절한 젊은이였습니다. 좋은 시집 잘 읽었습니다.

봄날의 꿈

송남영

가벼워지자
가벼워져야지

저 순백의 목련 꽃등잔에
살며시 앉아도 보고

저 우윳빛 벚꽃다발에
살포시 스며도 보고

새들의 지저귐과 함께
포르르 날아도 봐야지

송홧가루 날리기 전에
동백꽃 다 떠나기 전에

저 파아란 하늘처럼

싱그러운 마음이 되어봐야지

　　　　　　　　－시학 간행 《자작나무의 길게 선 그리움으로》

　시화일여詩畵一如. 참 아름다운 시집입니다. 서울사대부고 동창 박영철 화백의 그림과 시가 어우러진 눈부신 향연입니다. 뉴질랜드 오클랜드에서 그림을 가르치고 있는 박 화백은 "육십 수의 시를 밤새워 읽고 또 읽고 그렇게 몇 날 몇 밤을 짜고 또 짜서 기진맥신하게 된 날에 한 줄기 빛을 보았고 그 빛을 따라 붓과 물감이 요동을 쳤"다고 쓰고 있군요. 봄과 함께 꽃다발을 한아름 받았습니다. 주식회사 두원 S&K의 대표로 있는 송남영 씨는 2005년에 등단했으니 늦깎이 시인이라고 할 만하지요. "그에 있어서 시란, 시 쓰는 일이란 바로 참다운 삶을 살기 위한 도정이며 그러한 깨달음으로 나아가기 위한 과정"이라고 김재홍 문학평론가는 쓰고 있군요. 시학 모임에서 가끔 뵙는 저와 동갑 시인. 일흔의 삶이 눈부심을 이 시화집을 보며 알았습니다.

오래된 관계

송영숙

엄니 목구멍에 거머리가 산단다

　시앗을 보느니 차라리 비켜주리라 다섯 남매를 맨 치마폭에 폭 싸안고 나와 고생 지지리 하다 어느 날 남의 집 수도꼭지에 입 대고 물배 채우신 날 그날부터 엄니 목구멍에 거머리가 붙었다며 손가락 구겨 넣었다 뺐다 덜컥 주저앉아 갱신을 못하셨다. 그걸 뭐라고 비켜나와선

　우리 엄니는 사랑을 한 거다

　꽃잠 자고 첫길 다녀온 기억만 안고 가신 엄니 혈관성 치매 알츠하이머는 얼마나 고마운 병인가 돌아가시기 이틀 전 비켜서 살아온 세월 오십인데 다 잊고는 '조금만 기둘려라 기둘리다 보마 그것 갈 기다 와 안 가겠노'하셨다며 훌 훌 웃는데 나는 피가 거꾸로 솟아 그 검정 기와집 한 방에 후르르 불 싸지르고만 싶었

던 거다. 그걸 사랑이라고

    아버지는 녹차나무
    한 나무에 잎과 꽃이 공존하는 나무 사철 잎 달고 꽃 피우느라 당신 또한 구슬땀 서 말은 흘렸을 터 안으로 썩어 들어간 구린 밑둥치나 늘그막까지 동그랗게 말려 바스락거리는 우듬지께나 가엾기는 마찬가지

    나이 오십 되면 공들이지 않아도 경지에 오르나보다 아들을 키워보고 나서야 세상의 남자들 아버지를 곱게 부르게 되었다 그러나 이미 당신들은 자리걷이를 끝내고 말았으니 어쩌나 이 질기고 사나운 천생인연

-오름 간행 《벙어리매미》

송영숙 시인의 시집에는 끔찍하리만치 강렬한 페미니즘의 시들이 있습니다. 인용한 시에서는 시앗을 보게 된 어머니가 다섯 남매를 데리고 집을 나와 엄청난 고생을 하시다가 치매에 걸려서도 다른 기억은 다 잊는데 그 기억만은 버리지 못하는 처절함을 담고 있습니다. 그러나 딸도 나이 오십이 되어 자신의 아들을 키워보고 나서야 "세상의 아버지를 남자를 곱게 부르게 되었"습니다. 그러나 아버지의 첩에 대한 부정적인 각인은 오랜 세월이 흐른 뒤에도 여전히 남아 있고, "아버지의 둘째여자가 죽었다"(〈바람의 말〉 일부)처럼 끝까지 추적해 그 끝을 보고야 마는 것이 가정사 비극의 본질입니다. 송영숙 시인은 천재 시인이었으나 시집 한 권 남기지 못하고 요절한 송유하(본명 송영섭)의 누이동생입니다. 송유하 시인을 추모하는 행사에서 그녀를 만났고, 이 시집을 받았지요. 아름다운 마음을 지녔던 송유하 시인이 이런 상처를 가진 줄도 처음 알았습니다. 우대식 씨는 이 시집을 "지상에서 가장 슬픈 교향곡"이라고 했군요. 깊이 공감하였습니다.

호양나무 수림

송재학

 호양나무는 3천 년을 산다 살아서 천 년, 죽어서 선 채로 천 년, 그리고 쓰러져서 천 년이다 천 년을 보낸다는 건 전생에서 후생까지 되풀이한다는 것이다 흑수성 근처 고비 사막에서 호양나무 수림은 정처 없는 서하의 옛 문자를 더듬어 의성어를 얻었다 풍화와 침식을 반복하는 건 늙은 호양나무만은 아니겠다 평생에 단 몇 번 물길을 실어 보내는 와디라는 사막의 강도 있다 마지막 천 년을 보내면서 공복과 모래를 뒤섞는 나무에 기대면 사막의 시간은 참 미묘하구나 햇빛 많은 날, 해바라기씨를 까먹으면 옛 나라 옛 땅은 차츰 목질에 가까워져서 나무가 기억하는 건 나도 아슴아슴 떠올린다

─문학과지성사 간행 《검은색》

　송재학 시인은 매우 개성이 있는 시인입니다. 신형철 문학평론가의 말처럼 "그의 시는 이름을 가리고 읽어도 가끔은 알아맞힐 수 있을 만큼 특유의 스타일로 씌"어져 있죠. 인용한 시도 송재학 식 어법입니다. "살아서 천 년, 죽어서 선 채로 천 년, 그리고 쓰러져서 천 년"을 사는 호양나무. 그러니 "옛날 옛 땅이 차츰 목질에 가까워"지는 것이죠. 이번 시집은 온통 '검은색'으로 가득합니다. "세상의 모든 색을 다 받아들이되 스스로는 아무것도 내보내지 않는 존재가 마침내 띠는 색, 결국 색 아닌 색, 검은 색. 검은색의 정신성에 대한 애착과 사유가 흐르고 있"습니다. 송재학의 시를 읽으면 머리가 시원해집니다. 그의 상상력이 머리를 씻어주기 때문입니다. 그래서 그가 시를 쓰는 것은 미덕입니다. 시를 쓰는 것은 결코 간단한 일이 아닙니다. 그 치열함의 결정체들을 만날 수 있었습니다. 읽으면서 많이 배운 시집이었습니다.

두부집에서

송찬호

사내는 두부를 먹다 목이 메네
형기를 마치고 출소할 때
맨 두부를 먹는 것처럼
사내는 또 목이 메네

이제 이렇게 말하려네
단단한 두부의 어깨
단단한 두부의 주먹
반듯하고 각진 두부 한 모의 체적은 벌써 죽어버렸다고

이게 뭔가,
뜨끈하고 물렁하게 덥혀져 나온 두부를
한 젓가락씩 볶은김치를 얹어 먹는 일
마치, 두부에게 신체포기각서를 받으러 온 것같이

모란에게 줄
다이아반지를 집어삼킨
거위를 붙잡아 묶어놓은 것같이
이게 뭔가, 마루 끝에 앉아 종일 거위 똥이 나오기를 기다리는 것같이

허리 구부정하기에는 아직 이른 한낮
바람조차 소슬하다네
모퉁이 두부집에서
한때 날리던 이름의 깡패두부를 먹어보는 일

-문학과 지성사 간행 《분홍 나막신》

　음악은 리듬으로, 미술은 색채와 형상으로 아름다움을 표현하는 것처럼, 시는 언어로 아름다움을 표현합니다. 이 언어 미학을 극점으로 밀어붙이고 있는 시인이 송찬호입니다. 인용한 시에서도 두부를 묘사하는 언어의 미적 감각이 생생합니다. "이게 뭔가,/ 뜨끈하고 물렁하게 덥혀져 나온 두부를/ 한 젓가락씩 볶은김치를 얹어 먹는 일/ 마치, 두부에게 신체포기각서를 받으러 온 것같이"와 같은 표현에서 일상에서 흔히 보는 두부에서 이런 미적 표현이 가능함을 알게 됩니다. 그것은 송 시인의 시저 발견에서 얻을 수 있는 성과이지요. 이재복 문학평론가는 송찬호 시인을 "지금 우리 시단에서 미학적 조건과 미학성을 견딜 만한 시를 쓰는 몇 안 되는 시인 중의 하나"라고 보았습니다. 그러한 역량이 이상시문학상과 대산문학상, 미당문학상, 김수영문학상, 동서문학상 등을 안겨주었겠지요. 5월의 눈부신 날, 지용제가 열리는 옥천에서 만났을 때, 제게 달려와 신간 시집을 안겨주고 돌아서던 시인의 모습은 아름다웠습니다.

고인돌

송태한

나 떠나가면
오직 돌 하나만 남기리
서슬 푸른 세상사
돌덩이 같은 살점 이제 내려놓고
봇짐에 싼 근심 풀어버리고
낯 붉은 욕망도 발아래 묻고서
모양도 빛도 없는
서늘함 속으로 길 나서리
한 올 미련
좀이 퍼진 기억일랑
소슬바람에 쥐여 주고
해가 찔러주는 연서
구름이 떨궈 놓은 눈물 사연마저
등 돌리고 귀로 흘리며
포대기 속 아이마냥

산만치 무거운

눈꺼풀 누르는 졸음에 겨워

천년 그늘 채우리

－천년의 시작 간행 《퍼즐맞추기》

　송태한 선생은 대학에서 토목공학을 전공하고, 특수교육학도 공부하신 분입니다. 특수학교 교사와 스카우트 지도자로 지내시면서 그림도 그리시는 서양화가십니다. 그러다가 2013년에는 《국보문학》을 통해 시인으로 등단하고, 《문장21》 신인문학상도 수상했습니다. 시인으로, 화가로, 특수교육자로 당당하시건만 매주 금요일이면 서울 중구문화원에 오셔서 저랑 시 창작 공부도 하시는 겸손한 분이시지요. 인용해본 시는 한 인간의 생애를 정리하는 무게를 가진 매우 무거운 시이자 진정성이 뚝뚝 떨어지는 수작입니다. 좋은 시는 정직한 시라야 합니다. 그 정직함이 이룬 한 절정을 보여주셨습니다.

저 늙은 소牛는

송하선

밭을 가는 저 늙은 소는
아마 전생에 성자聖者였을 거다.
한평생을 노동으로
스스로를 불사르는 희생으로
묵묵히 묵묵히 이타적利他的 삶을 살았던,
아마 전생에 저 소는 성자였을 거다.

이승에 와서도
헛된 사람들에게 그걸 가르치려
골고다 언덕 십자가 짊어진 예수처럼,
마지막 한 점까지 불사르려고
머나먼 도축장으로
묵묵히 묵묵히 걸어갔을 거다.

―푸른사상 간행 《몽유록》

　　송하선 시인이 팔순을 맞아 아홉 번째 시집을 내셨군요. 전정구 교수의 말처럼 한 몸 거천하기도 어려운 나이에 시를 쓰고 그것들을 모아 산수傘壽 기념 시집을 낸다는 일이 보통 사람으로는 쉽지 않지요. 그러나 시인은 가능합니다. 시인은 정신력만 잃지 않으면 숨 떨어지는 날까지 창작이 가능합니다. 그 은혜는 시인이 평생 극복하며 살아야 했던 가난과 고통을 값하고도 남습니다. 그래서 시인이 복된 것이지요. 시집 제목을 '몽유록夢遊錄'이라고 정한 이유를 시인은 "꿈인 듯 꿈결인 듯 살다 가는 기록" 쯤으로 생각해달라는 뜻이라고 밝히셨는데, 시집에서 보여주신 작품들은 '꿈결'을 넘어서고 있었습니다. 소의 이타적 삶을 예수의 생애에 비긴 소개 시는 큰 감동을 주었습니다. 단지 미당 스승의 영향이 아직도 시 편편에 언뜻언뜻 비치더군요. 반갑기도 하고, 그 연세가 되면 만나는 세계인가 하며 궁금도 하였습니다. 고창의 미당 선생 추모 행사에서 뵌 지도 오래되었습니다. 송 선생님의 근황을 듣는 기쁨도 있었습니다. 제10시집을 기다립니다.

늙은 잠

신달자

잠은
뒤척이는 여행

참회하듯 아첨하듯
두 손을 가슴에 얹고
더없이 낮은 자세로 굽은 자세로……

더 낮게 더 낮게
여기 저기 날 걸어 놓고
알몸 알마음으로 흐르다 보면
벗어 놓은 내가 짐이 되어 따르기도 하는데

피로하지 않으려고 고단하게 떠나는 여행
아무것도 아닌 무위에 닿을 수 있을까
얼핏설핏 관계들의 그림자가 어깨를 스치지 않게

완전 날 잊는 꿈도 없는 곳으로 데려다주면 좋겠다
의식의 강을 끼고 흘러 죽음은 아니지만 죽음처럼
잠시 다녀오는 것이므로
잠에서 깨어났다고 하지 않는가

숨의 결을 살리며 완전 무위에 닿노라면
닫히고 열리고
잠에 당도하기까지
무수한 세계와 만나곤 하지
꿈의 부락을 끼고 옆으로 슬쩍 돌아

나는 잠에서 깨어나기를 바란다
혼자 떠나 혼자 닿고
혼자 깨어나는
늙은 잠

-민음사 간행 《북촌》

　자정 무렵 잠자리에 들었는데 새벽 두 시에 잠이 깨었습니다. 화장실에 다녀오고 다시 잠을 청해도 잠이 다시 들 것 같지 않아 선생의 시집을 펴서 읽다가 이 시에 공감하였습니다. 잠도 기운이 있어야 잔다더니, 나이 들어보니 그 말을 실감합니다. "혼자 떠나 혼자 닿고／ 혼자 깨어나는" 것이 '늙은 잠'이로군요. 북촌으로 이사를 가시더니 시집 한 권이 나왔습니다. "집도 운명"이지요. 그리고 "열 평짜리 한옥"은 "노후 나직한 귀향 같은" 것일 겝니다. 원래 북촌은 조선 중후기 노론 집권 세력들이 주로 모여 살던 거주지였지요. 그러다 1930년대에 전세권이란 분이 한옥을 대규모로 지으면서 오늘의 북촌이 되었다지요. 장석남 시인은 "오래된 고을의 오래된 터를 파다가 횡재를 하기도 한다는 드문 이야기"를 발문에서 전했는데 과연 그러합니다. 선생님의 덕분으로 북촌이 시의 옷을 입고 나섰으니 이제 명시의 고장이 되겠습니다.

연장전

신필영

패배자를 가려내라,
관중은 매몰차다

근엄한 신의 뜻인 양 쿵쿵 발을 구르며

눈물로
쓰러지는 쪽을
꼭 보겠단
저, 속셈

―천년의 시작 간행 《우회도로입니다》

　그렇지요. 패배자를 꼭 가려내야겠다는 것이 연장전입니다. 승자나 패자가 없는 무승부는 안 될까요? 그래서 축구 승부차기는 너무 잔인해서 보지 않는다는 사람도 있습니다. 신필영 시인의 시조는 우선 편안합니다. 장르의 안정감을 주기 때문입니다. 이번 시집에 실린 67편이 모두 시조의 전통 정형률을 엄격하게 지키고 있습니다. 민족시 시조의 정형률 속에서 현대인의 감성을 잘 담아내고 있다는 것이 신필영 시조의 매력입니다. 앞으로도 이런 원칙을 고수해 나가 주었으면 하는 바람입니다. 그러지 않으면 시조의 존립 이유마저 흔들릴 수 있기 때문이지요. 유성호 교수는 신필영 시조를 "은은하게 번져오는 정음正音의 미학"이라고 썼네요. 그렇습니다. 정형시 시조의 정형성을 지키는 것이 바로 정음正音입니다.

나의 출생

신현득

어머니는 늘상
뒷산에서 나를 주워 왔댔다.
어떤 때는 앞산이라 했다가
그건 아니라 했다.

어머니는 거짓말을 않는다.
그래서, 뒷산 벼랑 밑을 찾았다.
이끼에, 물길이 걸어 내린 자국이,
벼랑 중층엔 신령님 앉았던 자리가 있고
벼랑 밑 썩은 낙엽을 들어내니 우묵한 자국.
거기서 나를 주워 왔댄다.
둘레는 상수리의 숲,
아버지가 나뭇짐을 공구던 자리다.

그 의심이 풀린 건 더도 말고

쉬흔 살 생일상을 받다가 깨달은 것.
"맞았어. 내 고향 산과 들이 나를 낳은 거야."
들꽃이 낳은 것, 냇물이, 물소리가 나를 낳은 거야.
앞덤과 뒷산을 오가는, 빨래터 메아리에서 태어난 것.
거기에 신령님 점지의 손이 놓인 것을.
어머니 아버지는 이런 섭리를 거들어서
나를 얻은 거다.

어머니 말씀은 사실이었다.
뒤통수가 매우 튀어나
도꾸뿔이라 불리던 못난 아들 나를 그렇게 얻었어.

-대양미디어 간행 《조선숟가락》

　1933년에 태어나서 1959년 조선일보 신춘문예에 동시 〈문구멍〉을 통하여 작품 활동을 시작한 원로 시인께서 이제사 자신 출생의 비밀을 푸셨군요. 선생님께서 생명을 얻으신 이끼와 벼랑 그리고 숲과 들꽃은 우리 모두의 생명을 주신 '고향'의 '산과 들'이겠지요. 이 소중한 깨달음을 우리에게 나눠주셨으니 참으로 고마우신 선생님이십니다. 선생님께서는 등단 이후 〈고구려의 아이〉 등 23권의 동시집을 출간하셨습니다. 시낭송대회에 기면 초등학생들이 선생님의 동시를 낭송하는 것을 쉬 볼 수 있지요. 그러나 선생님께서는 시집도 3권을 내셨습니다. 이번에 주신 시집을 읽으며 느낀 것은 선생님의 시가 동화적 발상을 갖고 있다는 것이었습니다. 대화체 시가 많고 표현이나 비유가 간명합니다. 자신의 문학적 완성을 이런 식으로 보여주고 계시는 원로 선생님께 후학이 무어라 더 언급을 보태겠습니까? 늘 자상하신 선생님. 고맙습니다. 부디 건강하시기만을 빌 뿐입니다.

다리미는 키스 중

신현림

사람은 어디론가 가고 있으며 어딘가에 이른다
그는 사랑의 골짜기로 가고 망각의 오르가슴에 이른다
서로의 손은 뱀처럼
머리끝에 오르고 발끝까지 이른다
뗏목은 바다에 이르고
기차는 정거장에 이르고
뼈와 뼈는 흙에 이를 때까지
이를 수 없는 곳까지 삽처럼 덤빈다

으으, 그가 밥그릇에 물을 쏟자
그녀는 설거지 걱정이 지워진다
그는 다리미가 되고
손전등이 되어 그녀의 어둠을 지워 간다
그는 생계를 걱정하며 생계를 잇는다
으으, 바이올린이 되는 자신을 그녀가 어루만져 주기를 바란다

으으, 그녀의 운동장에는 자신만이 뛰고 있다
갈 곳은 집밖에 없듯이 몸이 고단해도
그녀를 눈사람처럼 뭉개야 한다
눈더미처럼 미끄러져 내려야 한다
본능의 깃발이고 습관이므로 서까래처럼
무거운 스트레스까지 무너뜨린다
으으, 그녀를 흔들고 다리미로 짓누른다
으으, 짓눌러서 재우고 다시 일으켜
그녀의 개울물에 몸을 씻고
일할 수 없는 날까지 일해야 한다

아무리 생각해도 그가 할 수 있는 일은
인류의 평화를 위해 섹스 중이고
섹스하고 싶다고 말하려는 참이다
으으, 그는 제비 새끼처럼 널고 싶어 한다
독도는 한국 땅 아베마리아를 노래 부르면서
실수한다 니혼진은 실수하고,
으으, 조국의 돈만 아는 놈들도 실수한다
제주도 반은 중국인이 먹었다
파멸도 죽음도 작은 실수가 만든다

책 한 줄 안 읽고 죄의식도 없이
살아 있음의 송구함도 없이
정신 못 차리고 가는
이 빌어먹을 세상에
진실이 무어며 망각이 무어냐

다리미는 키스 중이다
펄프가 나무가 될 때까지
달걀프라이가 알이 될 때까지
내가 네가 될 때까지
좆이 촛물이 될 때까지
활활 타는 초가 될 때까지

-민음사 간행 《반지하 앨리스》

　참 재미 있군요. 상상력이 기발하다 못해 발칙할 정도입니다. 김순아 문학평론가의 말처럼 "1990년대 초, 여성의 성性이라는 제2의 언어로 세상을 향해 첫 목소리를 냈던" 신현림 시인답습니다. "신현림은 당대의 기대 지평선에서 볼 때, 제도권적 여성 담론을 뒤흔든 가장 전위적인 여성 시인이었"죠. 이제는 시뿐만 아니라 사진으로도 활약하고 있습니다. 10여 년 전, 제가 일하던 SBS라디오에서 서울에서 춘천까지 기차 안에서 프로그램을 진행한 적이 있습니다. 그때 인기시인 신현림 씨를 초청했었죠. 춘천에 도착하사 아기를 돌봐야 한다며 곧바로 서울행 기차를 타던 모습이 눈에 선합니다. 지난 8월, 안동에서 열렸던 재능 시낭송 여름학교에서 만났을 때는 "딸이 사춘기라서 자주 싸운다."는 말을 듣고 세월의 빠름을 실감했습니다. 이번 시집을 읽으며 이제는 고인이 된 마광수 교수를 생각하였습니다. 세상과 불화했던 사나이. 그의 돌연한 죽음은 우리에게 마음의 빚을 안겨주었지요. 우리는 자신과 다른, 낯선 발언에도 가슴을 열어야 하겠습니다.

바라밀다 波羅蜜多

안직수

나이만큼 번뇌의 숫자도
줄어든다. 그저,
잘 죽을 걱정만 하면 된다.
단 하나
다음 생에 또다시 이 짓을
반복해야 한다는 염려에
조그만 복이라도 지어봐야지
생각만 짓다가 또 하루
석양을 맞는다.

- 도반 간행 《무작無作》

　불교신문 기자 안직수 시인이 반야심경 전문을 풀어내 시로 쓰는 엄청난 일을 했네요. 예불이나 각종 의식에 초종파적으로 지송되는 《반야심경》은 8만대장경 지혜의 바다를 260자에 압축해 담은 경문이죠. 그 경전의 "마하"부터 시작해 "아제아제 바라아제 바라승아제 모지사바하"까지를 시의 제목으로 삼아 54편의 시를 썼으니 일생의 일을 다 끝낸 심경이었겠습니다. 이 큰 일을 해놓고 나서 시집 제목을 《무작》이라고 했으니 완성은 즉 '공空'이로군요. 이 시집의 세 번째 시인 '바라밀다'는 산스크리트어 파라미타paramita의 의역으로 '완성'을 의미한다고 유한근 선생은 밝히고 있습니다. "온전한 열반에 이르기 위해서는 다음 생에 태어나지 말아야" 하는데 이런 "생각만 짓다가 또 하루/ 석양을 맞"게 되는 시인의 마음을 노래하고 있습니다. 그래서 이 시집은 《반야심경》의 해설서가 아니라 《반야심경》의 단어들을 소재로 쓴 시들의 모음이라고 하겠습니다. 'Miracle Morning'이라는 아침 습관의 중요성을 전파하고 있는 엄남미 여사가 이 시들을 번역하셨군요. 모처럼 묵직한 주제를 소재로 한 시집을 읽었습니다.

순응

안현심

알타이 유목민들은
목숨처럼 여기던 가축을 죽일 때면
목을 끌어안고 속삭이지요

우리가 너를 죽이는 것이 아니라
네가 우리를 살리는구나

네가 죽어 나를 살리고
내가 죽어 너를 살리는

생명의 고리,
그리고 순응.

-서정시학 간행 《상강 아침》

늘 궁금하였습니다. 천산산맥에서 알타이 고원, 몽골 대초원의 유목민들은 가족과도 같은 가축들을 어떤 마음으로 잡을까? 그 답을 이 시에서 들었습니다. "우리가 너를 죽이는 것이 아니라/ 네가 우리를 살리는구나" 이것은 눈이 번쩍 뜨이는 대발견입니다. 내가 죽어야 다른 생명을 살릴 수 있는 자연의 섭리를 시인은 전해주고 있는 것입니다. 최동호 교수는 이 시집을 "서정시의 본연의 길이 무엇인가를 보여주는 근래의 뛰어난 성과물"로 평가하고 있군요. 〈시인에게〉란 작품에서는 "부디 넘어지지 말거라/ 시인아"라고 했는데 흡사 요즘 #MeToo 상황을 예견한 듯 했습니다. 시인은 예언자라지요.

허술

오세영

피피피……
웬 소리인가 싶어 덧문을 여니
오래 방치해두었던 수조水槽에
직박구리가 한 쌍이 새끼를 쳤다.
하나, 둘, ……다섯,
깨진 창틈으로 드나든 모양.
그것만이 아니다.
햇빛 드는 바닥 쪽으로는 도랭이피 몇 주도
뿌리를 내렸다.
쓸모없어 그저 버려두었던,
그 잊힌 공간이 생명을 기른 것은
아마도 낡아 허술해진 문짝 때문일 것,
허공을 채우고, 허공을 비우고……
모든 운신運身은 허공에서 비롯하나니
밀폐된 곳이라면 어찌 거기서

숨인들 제대로 쉴 수 있을 것인가.

미완未完은 완결의 어머니.

나 또한 이 허술한 우주의 틈을 벌어 비집고

이제껏

삶을 영위해오지 않았던가.

-천년의 시작 간행 《가을 빗소리》

    유난히 무덥던 올여름의 끝 무렵, 서늘한 가을바람이 느껴지는 시집 한 권을 받았습니다. "낡아 허술해진 문짝"의 덕으로 "직박구리가 옥탑의 수조에 새끼를" 치고, "도랭이피 몇 주도/ 뿌리를 내"리는 것을 보며, "나 또한 이 허술한 우주의 틈을 벌어 비집고/ 이제껏/ 삶을 영위해" 왔음을 자각하는 깨침의 시입니다. 선생님의 이번 시집은 제목처럼 인생의 가을에 내리는 빗소리가 가득합니다. "당신께 돌아가야 할 날은/ 다가왔는데/ 그 숱한 세상의 말씀은 아무 쓸모가 없"다는 '철새'의 독백이라든가, "아가, 그만하면 잘했다. 잘했어./ 울지마라."는 '어머니'의 말씀을 듣는 시인은 자신의 삶이 가을에 이르렀음을 뼈아프게 느낍니다. 이 시집을 받고 지중해 여행을 함께했지요. 로마의 트레비 분수에서 사주신 아이스크림의 달콤한 맛을 잊지 못합니다. 선생님의 제자이기도 한 신형철 문학평론가는 "한 시인의 시가 어떤 차원에 이르면 결국 철학의 문제가 시의 위대성을 결정짓는 관건이 된다."는 선생님의 말씀을 해설에서 인용했는데, 깊은 공감과 함께 채찍과도 같은 자책의 아픔을 느꼈습니다. 새 시집이 나오면 꼭 보내주시는 선생님. 서울시인협회의 여름학교에도 함께해 주심에 감사합니다.

철사처럼 경련하며 뻗어가는 힘이
 －에곤 실레 〈무릎을 꿇은 여자의 누드〉(1910)

오정국

벗겨 놓은 육체는 차갑고 메마르다

저만큼의 높이에 이르러 저절로 갈라진 나뭇가지처럼
팔은 좌우로 나뉘어져 있고, 말라붙은 근육의
힘줄들, 철사처럼 경련하며 뻗어가는 힘이
오직 한곳으로 쏠리고 있다
휑한 눈이다 공터처럼 고요한

상반신을 구부려서
엉덩이를 치켜올려 주면 좋겠는데
마냥 희뿌옇게 열어놓은 가랑이, 피딱지처럼 얼룩진 거기가
그녀의 음부임을 말해주고 있는데, 무수한 눈길이
그쪽으로 지나가고, 거기에 맺히는
오후 2시의 나른한 슬픔들

벗겨 놓은 육체의 빛깔들이
서걱거리며 부서진다
상체를 일으킬 생각을 접어 버린 누드는
알록달록한 색을 입힌 미라 같다
거기에 붓끝을 들이댄 사내가 견뎌 낸
그 오랜 밤낮의 내전처럼
캄캄하게 타오르는
사타구니, 내 눈을 붙잡고 놓아주지 않는다

-민음사 간행 《눈먼 자의 동쪽》

에곤 실레는 오스트리아 출신의 화가죠. 1890년에 태어나 1906년 빈 미술 아카데미에 입학하였으나, 보수적인 학교에 반발하여 몇몇 동료들과 '새로운 예술가 그룹'을 결성하고 3년 만에 학교를 그만두었습니다. '오스트리아 화가 연맹'의 클림트를 만나 많은 교류를 하였습니다. 그러나 1918년 가을, 유럽에서 2천만 명의 환자를 발생시킨 스페인 독감에 걸려 임신 중인 아내와 함께 28세를 일기로 사망합니다. 〈무릎을 꿇은 여자의 누드〉는 실레가 결혼 전에 동거했던 월리 뉴질을 모델로 그린 것입니다. 그들의 비극적인 이별을 연상케 하는 매우 슬픈 그림이죠. 월리는 1차대전 때 입대한 실레를 따라 간호사로 종군하지만 만나지는 못하고 성홍열에 걸려 죽었습니다. 문학과 미술은 사촌간이라고 하지요. 시인과 화가는 영감을 주고 받습니다. 이 달에 본 이문재 시인의 고흐나 오정국 시인의 실레에서도 그런 예술의 친척 관계를 느끼게 합니다. 이중섭 화백과 절친했던 구상 시인의 애제자였던, 그래서 선생의 기념사업회에서 가끔 뵙는 오 시인의 시집을 흥미 있게 읽었답니다.

인사동 사람들

오탁번

인사동에 가면
이 사람 저 사람
사람들을 많이 만났다
중앙일보 손기상 선배도 가끔 만났다
1967년 중앙일보 신춘문예 당선작품
〈순은이 빛나는 이 아침에〉는
투고할 때의 제목은 〈겨울아침행〉이었는데
문화부 젊은 기자였던
그가 바꾼 것이다
아아, 반세기가 다 돼가는구나
교수하면서 내가 나를 탕진했듯
문화부장, 논설위원하면서
그도 그를 다 소진했는가
요즘은 만나는 일이 뜸하다

낭만파 시인들도
금주금연하며 깡그리 잠적했는지
코빼기도 안 보인다
천상병 김종삼한테 부끄럽지도 않은가
망년회와 출판기념회가 열리던
인사동 사람들, 지리산, 장자의 나비
만나면 미워하고 싸우던 사람들이
이젠 보이지 않는다
귀가 웃는 임영조가 가고
단호박 같은 신현정도
갓김치처럼 매운 송명진도 가고
풍문 만들던 박남철도 갔다
다 갔다
사람이 없는 인사동 길을
나 혼자 노량으로 거닐다가
뒷골목에 숨어서
흘끔흘끔 도둑담배 피운다

- 현대시학사 간행 《알요강》

    그해 새해 아침 가슴 설레며 읽었던 신춘문예 당선작품의 뒷이야기가 흥미롭게 담겨 있군요. 새해 아침과 신춘문예에 기가 막히게 어울리는 작품이라고 탄복했었고, 지금까지도 그 반짝이는 이미지를 경배하고 있는데, 그 제목이 중앙일보 문화부의 젊은 기자가 붙인 것이라니 신춘문예사의 한 에피소드로 남을 만한 이야기입니다. 신춘문예에는 가끔 그런 비화가 있지요. 1968년 한국일보 당선작인 김종철의 〈재봉裁縫〉은 원제가 '가봉假縫'이었는데 심사위원이 그렇게 바꾸어 발표했다고 하지요. '순은의 아침'처럼 빛나는 이미지의 시인 오탁번 선생은 요즘 우리의 고유어를 시에 쓰고 계십니다. 이 시집에도 제목 "알요강"부터 시작해서 "건들장마" "잘코사니" "노루잠" 같은 고유어들이 가득합니다. 시인은 우리의 언어 현실이 북한보다도 못한 것을 안타까워합니다. 고향 제천의 폐교에 '원서헌'이란 간판을 붙여두고 겨울이면 동파를 막기 위해 화장실에는 밤새 전기난로를 켜놓은 채 자신은 "늙은 부자지 꽁꽁/ 막불겅이"된다는 대시인이시여.

권정생 살던 집에서

우정숙

새소리로 울타리 친 삽짝을 들어서면
발밑에서 일편단심 시를 쓰는 민들레
웃자란 잡풀 틈새로 노랗게 웃고 있다

한평생 분신이던 피고름을 닦다 말고
침 묻은 몽당연필, 댓돌 위에 피는 문장
누옥의 주름진 영혼 풀꽃으로 잠이 든다

그물에도 걸리지 않는 구름언덕 넘볼 때
내 안의 한 톨 생각 그것이 길이라며
맨손의 새벽 종소리, 별을 불러 귀띔한다

—목언예원 간행 《너도 꽃》

　쉰이 훌쩍 넘은 나이에 시조를 쓰기 시작한 우 시인의 처녀시집을 읽다가 빼어난 단시조들에 눈을 비비고 다시 보았지요. "꼭꼭 눌러 써내려간/ 내 안의 비밀문서// 그믐달 몰래오면/ 가끔씩 꺼내본다// 눈으로/ 줄줄 읽다가/ 누가 볼까 얼른 덮는"〈눈물〉이라는 시조 전문입니다. 참 아름다운 삭품이지요. 인용한 시조는 아동문학가 권정생(1937~2007) 선생이 살던 집을 찾아가 쓴 시조입니다.《몽실 언니》《강아지 똥》같은 명작을 쓰신 분이지요. 선천성 신체 결함에다 결핵으로 고생하시면서 경북 안동에서 교회 종지기로 일하며 어린이들을 위한 글을 썼습니다. 불행 속에서 영혼의 보석들을 이루어낸 권 선생의 생애는 시인 모두의 귀감이기도 하지요. 인생은 잔인했으나 예술은 찬란했습니다. 우 시인 덕분에 정신이 번쩍 든 아침이었습니다.

별에게

유응교

밤하늘에
반짝이는 별들에게
"안녕"이라고
한꺼번에 인사하지 마

하나 하나
눈빛을 맞추며
정겨운 마음으로
"안녕"이라고
빛나는 별 하나마다
인사를 나눠

모두가
똑같은
별이 아니니까….

-한국문인협회 전북지회 간행 《별꽃 삼형제》

　그렇군요. 백두산에 갔을 때 밤하늘을 꽉 채울 듯이 총총하던 별이 생각납니다. 그 많은 별들이 모두 다른 별이지요. 그래서 그 별 하나 하나에게 인사를 전해야 하는군요. 그것도 "정겨운 마음으로"…. 생명 하나 하나를 절대로 다수 중의 '똑같은' 하나로 치부해서는 안 된다는 아름다운 메시지를 담은 이 시를 쓴 분은 건축학자십니다. 전북대학교 건축과 명예교수시요. 건축학 대학 교재도 여러 권 썼는데 은퇴 이후에는 시인으로서 더 왕성히 활동하고 있습니다. 유 교수께서 태어나신 곳은 유서 깊은 운조루지요. 운조루는 시골 양반의 저택 모습을 오롯이 간직하고 있어 중요민속자료로 지정된 곳인데, 유 교수는 운조루를 건축학적 측면에서 전문적으로 알리는 데도 공헌하고 있습니다. 제게는 육촌 형님이 되시지요. 늘 다정하신 형님, 늘 고마우신 형님이십니다.

얼굴이불

유안진

쌈지공원 벤치에 길게 누운 누굴까
추락 탈선 화재 충돌… 아우성치는 신문을 덮고도
코나팔 불어가면서 쏴 다니는 단잠 세상은 어딜까

코나팔 곡조 맞춰 얼굴이불도 들썩거린다
옆자리 할머니들 손 마스크 하며 웃고
유모차 내린 아기도 까치발로 걷는데

난데없는 우레 번개는 팡파르에 조명탄까지라
달려와 베갯머리부터 서둘러 정리한다
책 이불 다 걷어내고 묶은 신문지 수북하게.

-서정시학 간행 《숙맥노트》

　요즘 시집들이 많이 나오고, 어떤 때는 시집 한 권을 다 읽어도 마음에 남는 시 한 편이 없는 경우도 있는데, 선배님의 신작 시집을 읽으면서는 어느 시를 골라잡을까 고민을 하였습니다. 무엇보다 부군을 사별하신 아픔을 담은 시들이 가슴을 적셨습니다. "아무리 이 세상이 개똥밭이라 해도/ 개똥밭에 같이 뒹구는 아웅다웅이 더 좋"다는 "무엇이 죽음보다 더 삶을 가르치랴"의 결구를 읽으면서 깊이 공감하였지요. 그러면서 이 작품을 선택한 것은 91편의 시 가운데 단 두 편 들어 있는 시조 가운데 한 편이었기 때문입니다. 독자들로서는 생소한 '유안진의 시조'를 보여드리고 싶었기 때문이죠. 제게 대학 선배가 되시는 유안진 시인. 종씨라고 '형'이라고 부르시더니 이번 시집 속표지에도 "유자효 형"이라고 서명을 하셨네요. 사천 이근배 시인은 해설에서 "이미 있어온 시에 대해서는 단연코 멀리 하며 새 시집을 상재할 때마다 글을 읽을 줄 아는 이들의 눈을 괄목케 하더니 이제 빈세기 시법의 절정에서 결산하는 이 사화집에서 또 한 번의 환골탈태를 보여주고 있다."고 쓰셨는데 공감하였습니다. 로마 베드로 대성당의 천정화를 끝내고 내려온 미켈란젤로에게 율리우스 2세 교황이 "얼마를 받고 싶나?"고 묻자 "받은 재능을 되돌려 드릴/ 기회 주신 행운도 황송할 뿐인데/ 받다니요" 하며 "목이 메어 다만 중얼거렸다는 천재"의 모습에서 선배님의 예술관을 읽을 수 있었습니다.

빗속 저편

유영애

서울역 광장에서
아이 찾는 젊은 엄마

장대비 아랑곳없이
양팔 벌려 흐느낀다

한 마리 호랑나비인가
날갯죽지 다 찢긴.

-책만드는 집 간행 《소금 약속》

　어느 날 전철역에서 본 풍경입니다. 한 소년이 달려오더니 전철역 계단을 뛰어 올라갔습니다. 잠시 뒤 한 여인이 그 뒤를 쫓아 왔습니다. 보따리를 든 여인은 아이의 뒤를 향하여 소리쳤습니다. "얘야, 이건 가져가야지." 그러면서 그 여인도 계단을 뛰어 올라갔습니다. 그날 제가 본 것은 거기까지입니다. 그 풍경을 본 순간, 문득 울컥해졌습니다. 달아나는 아들과 쫓아가는 어머니. 많이 보는 풍경이었기 때문입니다. 유영애 시인이 본 풍경은 더 비극적이군요. 이 엄마는 아예 아이를 잃어버렸습니다. 제가 본 그 엄마도 유 시인이 본 엄마가 되지 않기 위해서 아들을 잘 구슬러야겠군요. 원수가 자식으로 태어난다지 않습니까? 이 글을 쓰고 있는 오늘은 마침 추석 아침입니다. 언제까지가 될지도 모를 부모님 차례를 준비하며 아들과 동생 내외를 기다리고 있습니다.

애고, 애고 도솔천아
-봉수산 봉곡사

윤금초

느긋하게 굽어 있다, 소낭구 닮은 길이
동짓날 동치미를 소담하게 담아놓은 듯
낡삭은 개다리소반 절집 한 채 품에 안고

늙을수록 품品이 나는 소나무밭 도솔천아.
굵은 놈은 대들보로, 흰 가지는 서까래로, 관솔 가지 불 지펴서 죽 끓이고 추위 잊고, 보릿고개 마주하면 용 비늘 껍질까지 훌훌 벗어주고 흉년 가뭄 구황식품 송기죽에 송기떡이다. 결이 곱고 쭉쭉 뻗은 살 거죽 붉은 금강송, 풍진 세상 험한 꼴을 더는 겪지 마시라는 늘 푸른 바늘잎 춘양목이며, 할머니 아픈 무릎 동으로 뻗은 뿌리 삶아 먹고, 어린 아이 콜록이면 솔잎 달여 먹이고, 배탈 나면 솔방울에, 화병 나면 송홧가루. 제 몸통 베어내고 뿌리만 남아있어도 백봉령 적봉령 용한 약재 빚어내고 오줌발 시원찮은 약질 돕는 나무. 과묵하고 기교 없는 도래솔 송뢰 소리, 관솔불 그을음은 송연묵松烟墨으로, 금강송은 대궐 짓고, 곰솔은 바람 막고, 곧게 자라 절개를 섬기고, 우불구불 굽게 자라 무위자연 일깨운다. 달 오르면 솔잎 사이 금가루 체질하고, 천년 세월 속 깊이 녹아내린 쓴 송진이 호박을 게워낸다. 송화다식, 송편은 복락이고 동짓날 밤 송하주松下酒에 솔잎차는 호강인데, 무주공산 그리 살다 마지막 가는 길에 네 몸 쩍쩍 갈라 만든 황장목黃腸木 칠성판에 누워 가네, 누워 가네. 부연 안개 송홧가루 온 숲을 잠기게 하고, 태어나 막 줄 길 가는 날 네 신세가 그지없다.

　　만지송萬枝松 덜 아문 생채기나 어루만지게, 어루만져!

―동학사 간행 《큰기러기 필법》

　우리 현대 시조의 한 절정을 보여주는 작품입니다. 소개한 작품은 기행 연작 시편 가운데 열한 번째 작품인데 시인은 심인보의 '곱게 늙은 절집'이라는 책의 제목에서 따왔다고 밝히고 있습니다. 이 연작에서 모두 열일곱 곳의 절을 노래하고 있습니다. 이 작품은 한 수의 단시조와 한 수의 사설시조로 되어 있지요. 단시조는 정형을 엄격하게 지키고 있고, 사설시소는 전통적 가락을 놓치지 않고 있습니다. 따라서 길게 쓴다고만 해서 사설시조가 되지 않음을 이 시조는 보여줍니다. 현대에 왜 사설시조가 필요한가를 보여주는 전범이라고 하겠습니다. 즉 우리의 정서와 가락을 긴 호흡으로 실어낼 때 가장 어울리는 시 형식이기 때문이지요. 이 작품에서는 소나무의 미덕을 읊고 있는데, 그 유장함과 현란한 상상력이 놀랍습니다. 민족시 사관학교를 이끄는 현대시조의 전도사 윤금초 시인께 경의를 표합니다.

그렇게 낮달처럼

윤상운

늙어감에 친구들 흩어져 소식 없고
좋은 책도 눈이 흐려 오래 보지 못한다.
뒷산에 올라 먼 바다를 보며
새 소리를 듣는다.
아내는 소주를 부어주고 안주를 들어
그윽히 바라본다.
까짓것 팔자에 없는 번잡함이 무슨 소용 있으랴.
곁에 있는 사람
병 없이 오래 머물기를 바랄 뿐
계곡 흐린 물에 눈을 씻으며
고요히 떠가는 낮달을 보다.
아마도 이제 곧 푸르름 속으로 흡수될 듯

-시학 간행 《그림자 세상》

　　우리 부산고등학교 때 만났었지. '나이테'라는 동인지를 등사판으로 긁어 만들기도 했었어. 자네는 대전으로 전학을 했고, 서울사대에서 다시 만났지. 영등포 이모댁에 기숙하고 있는 자네에게 염치없이 얹혀 지내기도 했었어. 자네는 1973년에 조선일보 신춘문예에 〈연가〉라는 시로 당선을 했고, 나는 생활고로 학업을 접을까 하던 때였지. 그때 서울역까지 나를 전송 나와서 "자효야, 꼭 다시 올라와." 하던 자네의 눈빛을 잊은 적 없어. 내가 마음을 고쳐먹었던 것이 자네의 그 눈빛 때문이었으니까…. 자네는 진실한 친구야. 그 진실함이 자네를 시인으로 살게 하는 힘이라고 나는 믿어. 40여 년 시력에 네 번째 시집이니 10년에 한 번 꼴로 낸 셈이네그려. 그 사이에 발레리의 20년 침묵에 비견할 시인 윤상운의 긴 침묵이 있었지. 이번 시집을 읽으며 두보를 떠올렸어. 난세에 가난과 고독, 병고에 시달리며 시를 썼던 두보. 후대인들은 그를 시성詩聖이라고 부르지. 그의 고통이 그에게 명시들을 낳게 한 원동력이라니, 아이러니하기도 하지. 건강하세. 우리.

노숙, 몽유의

윤석산

아직 다 비우지 못한 소주
그 나머지, 반병만큼의 생
잠든 그의 곁
위태롭게 서 있다.

세상이 모두 자신의 것인,
버려질 유산이 전 재산인
그.
아직 버리지 못한 세상 속 웅크린 채
잠들어 있다.

단 한 번도 허여되지 않은
하늘, 향해 입 벌리고
선
소주병 하나.

오늘 기상은 흐리고, 때로는
눈비 내릴 것이나
그러나 세상
오늘도 평화로울 것이다.

―도훈 간행 《절개지》

　한국시인협회 윤석산 회장의 신작 시집입니다. 서민 경제가 어렵다는 신음 소리가 들리고, 남북 관계에 희망과 불안이 교차되는 새해에 윤 시인의 이 시를 읽으며 안심하였습니다. "기상은 흐리고, 때로는/ 눈비 내릴 것이나/ 그러나 세상/ 오늘도 평화로울 것이"기 때문이지요. 6·25에 대한 쓰라린 유년 체험을 갖고 있는 시인이기에 그의 이런 진술은 더 큰 공감으로 다가왔습니다. 윤석산 시인은 1967년 중앙일보 신춘문예에 동시가, 1974년에 경향신문 신춘문예에 시가 당선된 분입니다. 그나 저나 이제 어쩔 수 없이 고희를 훌쩍 넘긴 나이가 되고 말았습니다. 아무쪼록 건강을 보살피면서 서로 어깨 두드려주며 살아야 하겠습니다.

목숨

윤효

기원전 그 시절에도 석가는 천수를 누렸다.

인간의 고통은 그래서 생, 로, 병, 사라고 꼽아 이를 수 있었다.

이 네 가지 순서에 유의해야 한다.

모름지기 태어난 목숨은, 늙어서, 병들어, 죽어야 한다.

살아내야 한다.

끝끝내 견뎌내야 하는 것이다.

그런 사람만이 인생은 찰나였다고 말할 수 있다.

-서정시학 간행 《배꼽》

　장모님께서 계시는 요양병원에 갈 때마다 충격을 받습니다. 몸에 여기저기 줄을 달고 침대에 묶여 있는 사람들. 그들도 한때는 소녀였고, 아내였고, 어머니였을 여성들이 간병인의 손에 의해 배설을 해결하는 것을 보며 도대체 장수가 과연 복인가 하는 생각마저 하게 됩니다. 요양원에서 병원으로 옮겨지던 날, 장모님께서 스스로의 목을 손으로 움켜쥐며 죽어야 한다고 발버둥치시더란 말을 간병인으로부터 듣고 그 심경을 이해하였습니다. 남은 것은 수지스런 험한 꼴 뿐이라는 것을 치매 상태에서도 마지막 남은 판단력으로 직감하셨던 거지요. 이제 장모님은 그토록 피하고 싶어하셨던 상태십니다. 힘이 부치는 간병인을 돕느라 사위가 옷을 벗겨도 모르십니다. 그 슬픔 속에서 읽은 것이 이 작품이었습니다. 많은 위안을 받았습니다. 한 가지, 이번 시집에 실명시들이 많던데, 조심하십시오. 생존하고 있는 사람은 그 가치가 바뀔 수도 있습니다.

유리병 속의 시

이건청

시인 이작 카체넬존은 가스실에서 죽었다.

1943년 10월부터 1944년 정월까지,
그는 아우슈비츠에서의 죽음을 시로 적었다.
운율까지 갖춘 서정시였다.

사람이 부서져 비누 조각이 되는 날,
머리털이 벗겨져 양말이 되는 날,
날 흐리고 비 오는 세상,
몇 마리 멧새가 오고, 또 가기도 했을 것인데,

시인 이작 카체넬존이 죽은 후,
아우슈비츠에 남은 사람들이,
죽은 시인이 쓴 시를
여섯 개의 유리병에 넣었고, 밀봉해서

마당의 전나무 아래 땅을 파고 묻었다.

그리고
그리고 시인이 죽고 없는 세상,
하루 종일 장맛비 내리는
창밖을 향해 앉아

죽은 시인이 남기고 떠난 시를 펼치니,
젖은 새 한 마리 날아와
낡은 책장 위에 날개를 접는다.
전나무 밑에 묻힌 유리병 마개를 열고
60여 년을 퍼득여 내게 온 새,
시인 이작 카체넬존….

-서정시학 간행 《곡마단 뒷마당엔 말이 한 마리 있었네》

　1988년 초, 눈 내리는 아우슈비츠를 찾았었지요. 취재를 마치고 리포트를 하기 위해 마이크를 잡고 카메라 앞에 섰을 때, 엄청난 충격과 분노로 한동안 말문을 꺼내지 못했던 생각이 납니다. 당시 철의 장막에 갇혀 있던 폴란드가 서울올림픽 준비 상황 취재를 원하는 한국 기자들에게 최초로 문을 열었을 때였습니다. 그곳에서 저는 선생님께서 시로 쓰신 머리털을 보았습니다. 무수한 머리털들이 쌓여 있었습니다. 굵게 땋은 머리 단, 가늘게 딴 소녀의 것도 있었지요. 머리털로 양말을 짰다는 것 아닙니까? 인간이 얼마나 잔인해질 수 있는지를 보여주는 영원한 교육의 현장입니다. 선생님의 시를 보며 그때 생각이 떠올랐습니다. 1967년 한국일보 신춘문예로 등단하셨으니 어언 반세기입니다. 이번이 열한 번째 시집이군요. "글은 쓴 사람의 얼굴"이라는 말을 이번 시집을 읽으며 실감했습니다. 온화하신 모습으로 잔잔하게 들려주는 이야기를 듣는 듯한 생각이 들었습니다. 오형엽 문학평론가는 선생님의 시를 "세상의 상처와 아픔을 감싸 안는 애정과 연민의 노래이며 승화의 노래"라고 보았군요. 긴 겨울 밤 좋은 시를 읽는 기쁨을 누렸습니다.

아가가 된 울 엄니
-모녀일기 28

이나경

근동이 알아주는 효부
오로지 지아비만 섬기는 일편단심
공주병의 원조 엄니는

낮밤 바뀐 아기가 되어
밤잠 안 자고 응애응애
어와 둥둥 울 애기

까까 줄까, 우유 줄까
달래도, 달래도 응애응애

선잠에 무거운 몸
실컷 주무시고 왜 딸은 못 자게 하냐니까
내가 알고 그러나 저절로 그렇게 되지

아가가 된 울 엄니는 똑똑하기도 하셔
배려의 왕 엄니가 그럴 리 없지
저절로 그렇게 되는 걸 어쩌겠어

나도 낮밤을 바꾸면 되지

-문화발전소 간행 《이나경의 모녀일기》

 시인이 이 책을 "산문 형식을 닮은, 혹은 시 형식을 닮은 일기문"이라고 자서自序에서 밝혔군요. 분명한 것은 이 책은 한 번 뚜껑을 열면 끝까지 읽게 된다는 점입니다. 그것은 이 책이 2016년 2월 15일부터 2018년 2월 19일까지 씌어진 노모老母의 간병 일기이기 때문입니다. 시인이 이 일기를 쓰기 시작한 것은 어머니가 자리에 누우신 지 반 년 뒤인데, 그 뒤 죽음으로 다가가는 과정을 세세하게 그리고 있습니다. 독자는 어느새 함께 간병하는 입장이 되어 마음 졸이며 그 길을 지켜보게 되는 것입니다. 시인은 당초 이 글을 서울시인협회 카페에 연재했었는데 책으로 내라는 주위의 권고가 있었다고 합니다. 저처럼 끝까지 따라 읽은 사람들이 많았다는 이야기지요. 서른일곱 살에 남편을 잃고 일곱 자녀들을 홀로 키우다 아들 몇은 먼저 보내기도 하고 아흔다섯 살에 저세상으로 가신 시인의 어머니는 우리 모두의 어머니의 모습입니다. 그래서 더욱 마음 졸이며 읽게 되는 시집이지요.

난중일기2
  -통영 열두 공방

이달균

장군 가시고
전쟁도 끝나고

널브러진 방짜유기, 노 젓고 떠나기엔 견내량 물살이 세기만 하다. 바다는 굼실 들앉고 남 먼저 매화 피는 터엉 빈 통제영, 내 이름은 소목장, 결 고운 느티로 장欌이나 짜고 살란다. 상사칼로 끊어내고 인두질로 달래며 끊음질 줄음질로 끼니나 잇고 살란다. 갓쟁이, 발쟁이, 한 집 건너 또 공방, 고향 못 간 쟁이들 다 못 세어 열두 공방. 강화서 온 소목쟁이 알탕갈탕 찾거든

아서라, 진작 죽었으니 잊어달라 전해주오.

-책만드는집 간행 《늙은 사자》

　통영의 시인 이달균이 여섯 번째 시집을 냈네요. 평시조와 사설시조의 그릇에 담은 수작들입니다. 이 가운데 특히 〈난중일기〉 열 편이 가슴에 와 닿네요. 이달균의 〈난중일기〉는 충무공 이후를 쓴 것입니다. 왜적과의 싸움은 끝났어도 우리네 삶의 난리는 끝이 없지요. 그 애수와 관조에 눈시울이 젖었습니다. 이 시인의 시조들도 아름답지만 장경렬 교수의 해설도 일품이군요. 이 시인의 시조들을 고은의 소설 《선禪》의 달마 이야기와 연결해 풀어나간 기법이 새롭고 흥미 있었습니다. 그렇지요. '시심불심詩心佛心'을 여기서도 느낄 수 있었습니다. 통영의 푸른 바다를 닮은 시인의 시원한 시조의 물결에 젖어 유례없는 폭서도 견딜 수 있었답니다.

슬픈 가랑잎
-좀비에 관한 연구 61

이동순

버림받은 아기들이
바람 찬 길바닥에 누워 있네
겨울 가까워지자
어미는 슬픈 얼굴로 젖줄 끊었네
그리곤 측은한 목소리로 흐느끼며 말했네
이 겨울 나려면
어쩔 도리가 없었단다
엄마 팔에 대롱대롱 매달린 아기들
타는 목으로 점점
붉게 노랗게 얼굴색 변해 갔네
어느 무서리 내린 날
아기들은 한꺼번에 우수수 떨어져 내렸네
어미는 차마 눈 뜨지 못하네

수십 년 전

한 미혼모 골목에 아기 버렸네
홀트에서 냉큼 데려가 미국 보냈지
양부모와 스물아홉 해
그 입양아 자라 어른 되었건만
출생신고도 안 된 무국적자
기어이 붙잡혀 한국으로 추방되었다네
말도 안 통하는 곳에서
일가친척 하나 없이 좀비로 지내다가
어느 해 늦가을
아파트 옥상에서 기어이 몸 날렸네
그 누구도 가랑잎 하나에
눈길 주지 않았네

―천년의 시작 간행 《좀비에 관한 연구》

*

　TV며 영화에서 좀비들이 난리를 쳐대더니 마침내 '좀비에 관한 연구'서가 나왔습니다. 나 이럴 줄 알았습니다. 그런데 이 연구서를 쓴 분이 1973년 동아일보 신춘문예에 〈마왕의 잠〉이란 시로 일약 시단의 시선을 집중시키면서 등단했던 이동순 시인입니다. 그가 시로 쓴 연구서로군요. 요즘 중절모에 기타 들고 전국을 누비면서 가요에 대한 해박한 지식과 노래로 대중을 홀리고 계시는 줄로만 알았는데 언제 이런 살벌한 주제의 연구까지 하셨는지 천학비재한 저는 오로지 감탄만 할 따름입니다. 해설을 쓴 김정수 시인은 "살아 움직이는 시체 좀비는 아이티 민간신앙인 부두교 전설에서 유래됐다고 알려져 있다."며 "좀비 연작 시집으로는 이동순 시인의 《좀비에 관한 연구》가 처음일 것"이라고 했습니다. 이 시집을 읽고 나니 우리가 살고 있는 이 세상이 온통 좀비들투성이라는 생각이 들었습니다. 심지어는 저도 그중의 하나가 아닌가 하는 생각마저 일었습니다. 인용한 시는 매우 슬픈 사연을 담고 있습니다. 좀비를 퇴치할 수 있는 궁극적인 길은 좀비를 인간으로 만드는 것이고, 그 역할의 일익을 시를 비롯한 이 시대의 예술이 해야 하겠지요. 좀비들의 세상. 정말 소름끼치게 싫거든요.

카뮈에게

이명수

카뮈는 나에게 여행을 가치 있게 만드는 것은 두려움이라고 했다 하나, 카뮈는 여행한 적이 없다 차를 타는 것에 병적인 불안, 공포가 그를 차로 실어 날랐기 때문이다

그런 그가 자동차 사고로 죽었다

이스탄불 블루모스크 광탑光塔을 올려다보며 신심이 깊으면 천국에 갈 수 있을까를 생각하고 있을 때 뒤에서 폭탄테러가 일어났다

때로는 위험한 곳이 안전하다
폭탄이 떨어진 자리가 더 안전하지 않은가
카뮈여, 닥쳐올 위험에 대한 두려움보다
두려움 뒤에 무엇이 올까를 걱정하자

카뮈여, 안전한 곳은 얼마나 먼가
그러나 여기까지 오는 동안 나를 지나게 해 준 길에 대해 감사하자
별들이 내 앞길을 비춘다 어둠의 밀도가 깊어질수록
별은 더 빛난다

삶의 의미보다 삶을 더 사랑하듯
나는 여행의 위치보다 여행을 더 사랑한다
어느 계절을 두려움 없이 사랑하듯

카뮈여
두려운 것은 여행보다 먼 곳에 있다

-시로여는세상 간행 《카뮈에게》

'한국시인협회상'을 받은 이명수 시인의 여덟 번째 시집입니다. 이번 시집에는 여행시들이 많네요. 미얀마, 안달루시아, 터키 등지의 여행이 시가 되어 나타났습니다. 이 시인의 시 제목에도 나와 있듯이 행만리로行萬里路라고 하지요. 그러나 여행은 위험하기도 한 것입니다. 세계 최초로 에베레스트를 등정한 뉴질랜드의 에드먼드 힐러리 경은 그의 아내와 딸을 히말라야에서 잃지요. 그러나 그의 위대한 점은 그에게 영광과 슬픔을 안겨준 히말라야 사람들을 위한 봉사로 여생을 보냈다는 점입니다. 이 시인의 시에서 차를 타는 것을 두려워하던 카뮈가 자동차 사고로 죽고, "이스탄불 블루모스크 광탑을 올려다보며 신심이 깊으면 천국에 갈 수 있을까를 생각하고 있을 때 뒤에서 폭탄테러가 일어났다."고 쓰고 있습니다. 이렇게 이율배반적인 모습을 갖고 있는 것이 인생이기도 합니다. 그러나 이 시인은 "삶의 의미보다 삶을 더 사랑하듯" "여행의 위치보다 여행을 더 사랑한다"고 말합니다. 이명수 시인과 저는 SBS에서 함께 일한 적이 있었습니다. 그때 제가 이 시인을 도와드리지 못한 것을 늘 죄송하게 여기고 있습니다. 앞으로는 잘 모시겠습니다.

예술가

이문재

1890년 7월 27일
프랑스 오베르 성 근처 초라한 여인숙 다락방
한 화가가 조심조심 권총을 꺼내들고 있었다.
한밤중에 해바라기가 다투어 피고
시퍼런 별빛들이 샛노란 소용돌이를 치며 달겨들었다.
그리고 한 발의 총성.

고흐, 빈센트 반 고흐는 이틀 뒤
동생 테오의 품에서 눈을 감았다.
고흐, 빈센트 반 고흐에게는 테오에게 부지려던 편지가 있었다.
고흐, 빈센트 반 고흐의 마지막 편지는 돈을 보내달라는 것이었다.

그림 그릴 돈이 필요하다고,
정말 미안하지만 돈을 더 보내달라고,

돈을 빌려주면 반드시 갚겠다고,
돈을 갚지 못하면 영혼이라도 팔겠다고….

백 년이 더 지나 21세기로 접어들었어도
고흐, 빈센트 반 고흐의 영혼의 가격을 아는 사람은 아무도 없었다.

―문학동네 간행 《지금 여기가 맨 앞》

1판이 10쇄가 나간 시집입니다. 시집은 상업성이 없는 것으로 치부하지만 그렇지 않다는 것을 보여주는 시집이기도 합니다. 우리나라만큼 베스트셀러 시집이 많은 나라도 드뭅니다. 문제는 좋은 시이지요. 제가 골라본 이 시에는 "김종삼의 〈민간인〉을 밑그림으로 삼았다"는 각주가 붙어 있네요. 1890년 7월 27일, 고흐가 권총 자살한 프랑스 오베르 근처의 초라한 여인숙 다락방에서 1947년 심야, 남으로 탈주하는 배에서 울음을 터뜨린 영아를 물에 집어넣어야 했던 한국의 비극적 상황을 떠올렸군요. 신형철 문학평론가는 "이번 시집에서 시인 이문재는 자주 아포리즘에 기댄다."고 쓰고 있군요. 그러나 긴장된 그의 아포리즘은 시를 읽는 즐거움을 더해줍니다. 이래서 많은 독자들이 그의 시를 좋아하는 것이 아닐까요. 권위 있는 '소월시 문학상'을 받은 이문재 시인. 저는 정신의 시적 긴장이 필요할 때 그의 시를 읽습니다.

존엄에 대하여

이상국

며칠째 아무것도 못 먹어서
미안하지만 남는 밥이랑 김치가 있으면
문 좀 두드려달라던 작가는 스스로를 버렸다
식은밥이나 이웃에게도 그랬겠지만
자기가 쓴 시나리오에게도 떳떳하고 싶었을 것이다

자신의 주검을 치우는 사람에게
개의치 마시고 국밥이나 한 그릇 자시라며
제 손으로 목숨을 접은 어느 독거노인은
따뜻한 국밥 몇 그릇을 세상에 남겼다
가난했지만
죽음에게까지 예의를 갖추기 위하여
그 소중한 유산을 남겼던 것이다

가라앉은 세월호에서 주검들이 수줍게 떠올라도 아이들 몇

몇은 끝끝내 나오지 않았다
   그 앳된 나이에 퉁퉁 부은 민낯을
   죽어도 보이기 싫었던 것이다

   송파 어디선가 월세 살던 세 모녀가
   공과금과 마지막 집세를 계산해놓고
   한날한시에 세상을 버린 것도
   다시는 볼 일이 없더라도
   국가와 집주인에게 당당하고자 했던 것이다

   그들은 모두 뭔가에게 굽히기 싫었던 것이다

                                      −창비 간행 《달은 아직 그달이다》

　양양에서 나서 일흔 살이 넘은 지금, 속초에 살고 있는 강원도 시인 이상국. 그의 말은 강원도 사투리이며, 그에게는 동해의 파도 소리가 납니다. 서른한 살에 등단했지만 요즘 시력의 절정에 오르는 듯한 느낌을 주고 있네요. 여섯 번째로 낸 이번 시집에 실린 시들은 마치 곁에서 들려주는 시인의 말을 소곤소곤 듣는 듯합니다. 그러나 작은 소리이기에 더 귀 기울여 듣게 되는 말들입니다. 인용한 시 〈존엄에 대하여〉를 읽으며, 우리에게 얼마만한 돈이 필요하며, 존엄을 지키는 것은 무엇인가를 생각하였습니다. 그렇습니다. 결국 존엄은 자신이 지키는 것입니다. 저는 함께 시를 공부하던 절친한 여고 동창 세 분이 85세를 맞아 두 달 간격으로 차례로 세상을 버리는 기막힌 일을 보았습니다. 그런데 그 가운데 한 분의 며느리가 초상을 치르고 난 뒤 어머님 심부름이라며 "함께 시 공부하시던 분들 국밥이라도 나눠 드시라"며 봉투를 주고 가는 것이었습니다. 돌아가신 분이 대접하는 국밥 한 그릇을 눈물 뚝뚝 흘리며 먹었었지요. 만해축전 때 인제를 들락거리며 만났던 이상국 시인. 이제는 좋은 시를 많이 쓰셔서 상도 많이 받으시는 시인에게서 소박하지만 따스한 메시지들을 받고 즐거운 아침입니다.

나무와 까치

이상호

높은 나뭇가지에
세 들어 사는 새

세도 안 내고 집짓고 새끼 기르며 살기가 영 민망한지
나갔다 들어올 때마다 까치발로 조심조심 걸어드는 새

그 마음을 아는지 나뭇가지도
내색하지 않으려고 애를 쓴다

그걸 쭉 지켜보는 하느님도 말없이
따뜻한 어둠을 펴서 함께 덮어준다

　　　　　　　　　　　　－시로여는세상 간행 《마른장마》

    이상호 시인은 시를 참 재미있게 씁니다. 인용한 시에서도 '세'와 '새'를 대비시키며 이미지를 풀어나갔는데, 이번 시집의 여러 편에서 이런 '말'의 재미를 보여주고 있습니다. 그러면서 담고 있는 세계는 깊지요. 김정남 문학평론가는 "시업詩業은 일차적으로는 진정한 자기를 찾아가는 일이며, 이차적으로는 이를 통해 바람직한 세계를 만드는 한 방편이 된다."고 쓰고 있는데, 이상호 시인의 이번 시집에서 그런 자기 찾음의 노력을 읽을 수 있었습니다. 자녀의 혼인, 고향집의 어머니와 같은 가족애에 묻어나는 자아 성찰에서 특히 그런 세계를 읽을 수 있었습니다. 시인의 세계를 만드는 방편은 시를 통한 발언이겠지요. 요즘 우리는 "시인도 많고 시도 많고 시집도 쏟아지는데, 정작 독자는 없는" 마른장마와도 같은 기현상을 겪고 있습니다. 이런 가운데 이상호 같은 서정 시인들이 고군분투하고 있지요. 한국시인협회와 시로여는세상에서 가끔 뵈었었는데, 건강한 시집을 읽고 반가운 인사를 이렇게 전합니다.

달의 이동 경로

이서빈

첫 이마를 숙인 밤하늘에 생채기 난 달 하나가 떠있다. 고원의 순례자들은 출발할 때 이마에 달 하나를 챙겨간다. 그 밝기로 험로를 오체투지로 간다.

이마가 땅에 닿을 때마다 신들은 따끔따끔거릴 것 같다. 이마가 헐고, 조금씩 상처가 나 오래된 표시로 딱지가 앉는다. 거뭇한 이마에 굳은살로 뜬 붉은달.

티벳 여행길에서 오체투지를 하며 가는 순례자를 만났다. 몇 달 며칠을 이마에 달 띄우며 간다. 달은 언제나 찬란한 가난을 닮았다. 한동안 배고프고 또 한동안 배부르다 다시 배고픈 달, 장엄한 사육제다. 태어나는 것보다 더 어려운 거듭나기를 한다.

앞서거니 뒤서거니 바닥을 함께 기는 그림자 푸른 밤. 살 다 내리고 채우기를 몇 번 함께 기는 그림자의 눈이 푸른 밤, 지순한 보름달에 세상이 환하다. 지나가던 차를 멈추고 순례하는 사람들에게 푸르스름한 지폐 몇 장을 보시한다. 고개 하나를 넘을 때마다 붉은 피가 나고, 딱지가 앉고, 또 넘으면 붉은 피가 나고, 딱지가 앉고 마지막 사원 앞에 가서야 남루한 달 하나가 뜬다.

거뭇한 이마를 밝힐 평생의 달 하나 얻는다.

—지혜 간행 《달의 이동 경로》

시집 읽기를 하면서 가장 반가울 때는 좋은 신인을 발견했을 땝니다. 이서빈 시인은 2014년 동아일보 신춘문예로 등단했으니 신인이라고 할 만합니다. 그런데 이 시집을 읽고 그 만만치 않은 작품량이며 한 편 한 편이 갖고 있는 깊이에 놀랐습니다. 저는 문학행사와 관련해 이 시인의 연락을 간혹 받긴 하지만 작품을 대하긴 처음입니다. 이 시집을 통해서 이 시인은 한국방송통신대학교 국문학과를 졸업하고 매우 늦은 나이로 등단했다는 것을 알았습니다. 반경환 철학예술가는 "천재란 하늘이 빚어낸 사람이며, 그는 태어난 것이 아니라 느닷없이 출현하게 된다. 천재는 고통의 지옥훈련과정을 거쳐왔던 것이지만, 우리는 그 과정을 보지 못했기 때문에 그의 느닷없는 출현에 그저 깜짝 놀랄 수 밖에 없"다고 극찬했습니다. 제가 뽑아본 시인의 대표작은 티벳의 오체투지 순례객 이야깁니다. 그의 이마에 새겨진 상처를 달로 본 매우 신선한 작품입니다. 저도 이서빈 시인의 작품을 유심히 보아야 하겠습니다.

슬도 瑟島

이서원

가슴에 저를 안고 스며드는 물빛같이
한 자리 퍼져 앉아 천년토록 부르는 노래
하늘도 마냥 깊어서
귀를 쫑긋 세운다

안개 속 무적인 양 거문고 현絃이 울면
주름진 파도들이 두 손 들고 달려온다
봄빛은 해안을 닮아
꽃잎처럼 휘어지고

기울지도 못하면서 수평을 가늠하던
눈시울 끝자락에 연붉은 달이 뜰 때
고요히 생각에 잠겨
저 혼자 깊어만 간다

-초록숲 간행 《뙤창》

　크로아티아의 항구 도시 자다르는 아름다운 석양으로 유명한데 바다오르간 해변이 있습니다. 바다와 육지가 만나는 부분에 콘크리트로 구멍을 뚫어 파도가 그 구멍을 들어가고 나갈 때마다 오르긴 소리가 납니다. 해안은 오르간 건반처럼 디자인해 커다란 오르간 건반에 앉아 바다의 오르간 연주를 감상하도록 돼 있습니다. 그런데 우리나라 방어진의 작은 섬에는 섬 전체에 뚫린 구멍으로 바닷물이 드나들 때마다 거문고 타는 소리가 나는 곳이 있군요. 그래서 슬도라는 이름을 얻었군요. 한국의 슬도는 크로아티아의 자다르보다 더 훌륭합니다. 자다르의 바다오르간은 사람이 만든 것이지만 슬도의 거문고는 자연이 만든 것이기 때문입니다. 꼭 한 번 가보아야겠습니다.

풍란 3
　-석부작石附作에 부쳐

이성보

돌에다 난을 먹여
태어난 너의 이름

돌과 난의 한통속에
넋을 잃은 나의 미소

어느 날 저승 가는 새
흰 향기로 떠서 난다.

짧은 잎 맑은 뿌리
안과 밖의 긴 내림새

해풍에 씻긴 눈금
세상 재는 벼랑이여

은밀한 우주의 내력

수반 위에 떨고 있다.

– 책만드는 집 간행 《이성보 시조전집》

　석부작은 풍란을 재배하는 한 방법으로, 풍란을 빼어난 돌에다 붙여 기르는 것이란 주를 붙였군요. "돌과 난의 한통속"이 아름답고, "수반 위에 떨고 있"는 "은밀한 우주의 내력"을 보아낸 눈이 놀랍습니다. 이 시조는 1991년에 나온 제1시조집 《바람 한 자락 꺾어 들고》에 실려 있는데, 시인의 말에서 "난과 돌에 빠진 지 스무 해가 되었다."며 "시조와 자생란을 같은 연장 선상에"서 보고 있다고 쓰셨군요. 그런 점에서 인용시조를 내표삭으로 보았습니다. 1989년 《현대시조》로 등단해 세 권의 시조집을 출간했는데 고희를 맞아 전집을 내셨군요. 《현대시조》는 선정주 목사께서 내시던 시조 계간지지요. 저는 1997년에 제9회 현대시조문학상을 받아 각별하게 여기고 있는 잡지입니다. 제게 매호 원고 청탁도 해주는 고마운 책이지요. 선정주 선생 소천 후 이성보 선생께서 발행인을 맡아 어려운 일을 해내고 계십니다. 하늘의 선 시인이 얼마나 기뻐하실까요. 이 선생은 저와 갑장이라 더욱 반갑습니다.

외국인

이송령

　외국 간다고 온갖 서류를 차곡차곡 쌓으며 분주한 준비와 투쟁하다
　옹알이 터진 첫 말문이 엄마였다던데, 언어가 통할까 걱정 보따리 하나쯤은 집어치우고 발길을 재촉한다
　다물지 않은 입 좀처럼 아쉬움을 찾기 힘든 들뜬 마음만 보인다

　머리 위로 날아가는 비행기만 보면 쫓아가보기도 했던 날들
　이날만큼은 날 수 있는 날인가 비행기 탑승하는데 돌아보지도 않는다
　나는 기분이 자동차 타는 기분과 별 차이는 없었지만 하늘 위로 오르는 순간
　둥둥 떠 있는 느낌과 귀가 먹먹해졌다
　내가 떠난 자리의 먹먹함이 따라온 건가?

톡톡 쏘는 귀는 닭살을 유발하고 민감한 체질이라 생각을 바꾸며 나름 갖고 태어난 인내심을 누르며 착륙을 기다리다 옹알이가 통하는 나라 대한민국 땅 나는 외국인 신분으로 떨어졌다

-문화발전소 간행 《나의 시는 아직 입원 중이다》

이 시집을 낸 이송령 시인은 1983년 중국 하얼빈에서 태어났습니다. 하얼빈 시 조선족 제일중학교를 나와 일본에 유학해 오사카 국제언어학교와 스루다가이 외국어학교 전문여행과를 졸업했군요. 2012년 대한민국에 입국해 경기도 화성시에 있는 무역회사에 근무하고 있는 재원입니다. 인용한 시에서는 "옹알이 터진 첫 말문이 엄마였다" "언어가 통할까 걱정 보따리 하나쯤은 집어치우고" 왔다는데 시를 써서 시집을 내었으니 대단합니다. 속표지에 쓴 증정 서명의 한글이 귀엽고 예쁘군요. 심상운 문학평론가는 "변형되지 않은 순수 한국 토착어의 숨결을 느끼고 성장한 시인의 사유가 한국 현대사회의 현상과 충돌하고 화합하면서 펼칠 시의 공간이 예사롭지 않게 감지되고 있"다고 평했군요. 이렇게 젊은 시인이 펼쳐 보이는 새로운 세계는 한국 문학의 지평을 열게 합니다. 열심히 쓰세요. 한국어는 이 시인의 조상의 언어랍니다. 거기에다가 모국어인 중국어, 제2외국어로서의 일본어도 무기로 갖고 있으니 얼마나 좋으시겠어요.

흑백영화

이수익

흑백영화를 보고 싶어
줄이 주욱죽 흘러내린 흑백영화 속에서
그들은 놀랄 만큼 바보스럽게 사랑을
연기했었지
서툰 만남에서 사랑은 처음 시작되었으나
엉성해진 이별의 순간, 사랑은 내일을 예측할 수 없이
아득하게
아득하게 헤매다가,
드디어 두 사람이 다시 눈물겹게 재회하는 장면에서
사랑은 바로 신파조의 감정을 여지없이 그대로 드러냈었지
사랑!
지금만의 사랑이 제일이 아니고
지는 시절 바보스럽게 바라본 그때 그 장면이
몹시도 그리운 거야
한 번 더

흑백영화를 보고 싶어

-황금알 간행 《침묵의 여울》

　이수익 시인은 제게 대학 선배가 되십니다. 또한 동향입니다. 거기에다가 방송인입니다. 이렇게 저와는 공통점이 많은 분입니다. 노래가 되기도 한 〈우울한 샹송〉이란 명시를 발표하신 선배님은 대학 시절부터 저의 로망이었죠. 아니, 저뿐만 아니라 문학회에 들락거리던 후배들의 선망의 대상이었습니다. 몇 년 전에 몸이 좀 불편하신 듯하여 걱정했었는데, 이번 시집을 보니 남성성을 과시하는 시들이 여러 편 보여 웃음을 터뜨리기도 했답니다. 에로티시즘과 관능을 그렇게 세련되게 나타내시다니 역시 내가다우십니다. 이번이 열두 번째 시집이니 많지도, 적지도 않으시군요. 시집 범람의 시대에 선배님의 절제된 정신을 뵙는 듯합니다. 선배님 말씀처럼 "가슴 속에 두근두근 살아 숨쉬"는 시의 영혼을 발견하였습니다. 배한봉 시인은 선배님의 시를 "사물의 급소를 찌르는 언어의 선명성과 아름다움에서 단연 빛을 발한다."고 평했고, 주영중 선생은 "절정이"고 "뭉클하다"고 했군요. 절정의 한 봉우리를 본 느낌입니다.

탁발

이승은

몇 닢의 원고료가 통장으로 들어왔다
허기진 눈금들이 잠시 봉긋, 부푼다
수자타 유미죽인 양 목이 메는 영혼 한 끼

-책만드는집 간행 《얼음 동백》

　그렇지요. 우리가 언제 돈을 바라 시를 썼나요. 아예 포기하고 사니 그걸 이용하는 사람들도 있어요. 고료는 고사하고 조판비라는 명목으로 아예 게재료를 요구하는 경우도 흔해졌어요. 그런 요청을 받을 때마다 멈칫하지요. 사실 액수로는 얼마 되지 않아, 그런 일을 하는 사람들도 시인이니 소액으로 돕는다는 생각으로 아직까지는 보내주고 있답니다. 그러나 이런 일은 없어져야 할 것입니다. 그러다가 시를 써서 돈을 받으면 고맙기도 하고, 때로는 감개무량해집니다. 오랜 고행으로 피골이 상접한 붓다가 그것이 길이 아닌 것을 알고 받아든 수자타의 유미죽, 그리고 기력을 찾아 정각을 깨쳤으니 그 죽 한 그릇은 인류에게 불교라는 위대한 가르침을 선사한 자양이었습니다. 가난한 시인에게 보내온 "몇 닢의 원고료" 그것은 시인의 '영혼의 작업'에 대한 사례라고 하겠습니다. 같은 길을 걷다보니 너무나 공감한 시조 한 수였습니다. 이번에 단시조집을 내셨군요. 저는 단시조를 잘 쓰는 시인이 실력 있는 시조시인이라고 생각합니다. 간혹 제가 시조를 발표하면 꼭 평을 보내주시는 고마우신 이승은 시인. 잘 읽었습니다. 풍성한 결실을 축하합니다.

그 사슴의 눈

이승하

장인은 젊은 시절 한때 사슴 사냥을 하였다
엽총에 맞아 죽어가던 사슴의 눈이 잊히지 않는다고
유언처럼 말하였다 임종 앞둔 자리에서

곡기를 끊고 물마저 거부하고
대변을 세 번, 소변을 다섯 번 보며
속을 완전히 비운 8일째 새벽
이렇게 말하고 숨을 거두었다

"그때 그 사슴을…… 죽이지 말았어야 했어. 그 눈이…… 나를 왜 죽이느냐고…… 말하는 것 같았어. 죽어가는 사슴의 눈이…… 너무 슬펐지. 그런데 어디서…… 새끼사슴이 나타나서…… 따라오면서 계속 우는 거야."

오늘도 중동의 거리에는 폭탄테러의 굉음이 울리고

아이들이 죽어가리

젊은이들이 죽어가리

노인들이 죽어가리

눈이 가물가물 목숨이 가물가물

타인의 목숨을 포획한 이들은 기쁘지 않으리

평생 후회하리

죽어가면서도

임종을 앞두고서도 떠오르는

죽어가는 사슴의 그 눈빛

-(주)케이엠 간행 《나무 앞에서의 기도》

　이승하 시인의 이 시를 깊이 공감하며 읽었습니다. 특히 계속되는 자연의 경고에도 불구하고 화석 연료를 전혀 줄이지 않음으로서 초래된 듯한 미 중유의 폭염에 두드려 맞으며 공감의 폭은 더욱 컸습니다. 미국TV에서 방영한 Doom's day(지구 최후의 날)는 인류가 지구에서 타 행성으로 도망가지 않는 한 지구상의 다른 생명체들과 함께 멸종을 피할 수 없을 것이라더군요. 그런데도 어쩔 수 없는 인류의 이기심으로 파국을 향해 치닫고 있는 게 아닌가 하는 무서운 생각이 불쑥불쑥 머리를 들이밉니다.

　이승하 시인은 1984년 중앙일보 신춘문예에 시로, 1989년 경향신문 신춘문예에 소설로 당선한 스타 문인입니다. 형님도 평론가로 활약하는 형제 문인입니다. 구상 선생의 애제자이기도 한데, 기념사업회에서 감사를 맡아 봉사하고 있지요. 또 스승의 탄신 100년을 기념하는 희곡을 써서 대학로에서 낭독회를 갖기도 한 다정다감한 분입니다.

송준영

이승훈

　마른 나무를 보며 말하면 마른 나무가 하하 웃는다. 너나 나나 우린 모두 도둑놈이야. 아직 겨울이지만 마른 나무는 마른 나무. 개는 개, 겨울산 한번 보고 지나간다. 겨울산 겨울산 너나 나나 우린 도둑놈이야. 실개천이 하하 웃는다. 웃자웃자 웃는 거다. 겨울 모자 쓰고 겨울 나무 보는 겨울산이 저기 서 있다.

-시와세계 간행 《물 흐르고 꽃피고》

　　송준영 시인의 시집을 펴니 지난해 작고한 이승훈 시인이 쓴 시가 서시로 실려 있군요. 시인은 시로 살아 있다는 말이 실감이 났습니다. 이 시집에는 '선禪, 착어록'이란 말이 제목에 붙어 있습니다. 착어著語란 불교적 단평이죠. 송 시인은 18세에 산문에 드셨던 분입니다. 동암성수, 탄허택성, 고송종협, 퇴옹성철, 서옹상순, 설악무산 같은 조사들에게 법을 배웠습니다. 1995년, 《월간문학》으로 등단한 이후 지금은 출판사를 경영하면서 《시와세계》, 《현대선시》를 발행하고 있지요. 송 시인를 보면 속세를 초탈해 있는 선기禪機가 느껴집니다. "고양이는 지나가는 바람이고 고양이고 떨어지는 꽃이고 고양이는 날아다니는 풀솜이고 고양이는 돌이고 구름이며 짚신이니 고양이는 다시 머리에 인 짚신이고 구름이고 돌이며 풀솜이고 지는 꽃님이어요"(투사透寫-남전참묘화를 보다) 같은 표현을 보면서도 그런 생각을 하였습니다.

복날

이심웅

학의천 비닐하우스 동네
누렁이가 안 보이네요
무뚝뚝한 사내는
아, 약해 먹었어요 한마디로 자른다

지난여름
좁은 구멍 같은 개집 얽어맨 쇠줄
어린 짐승은 목이 아파 칭얼거렸다
가까이 가서 보려 하면
이빨을 드러내고 으르렁거렸다
먹이를 주면 슬금슬금 다가와
순식간에 삼켜버렸다

일 년 남짓
발소리만 들어도 컹컹 짖다가
과자 든 손을 보고

좋아라 꼬리 치던 녀석
정작 다가서면 곁도 주지 않았다

언젠가 흔들리던 눈망울
돌아서는 모퉁이 이젠 아무 소리도 없다
재작년 그 어미가 그랬던 것처럼

- 문화발전소 간행 《물속에 피는 봄》

    인간과 가장 오래 함께 살아온 개는 인간의 심성을 가장 닮았다고 합니다. 개는 또 인간보다 몇 십 배 예민한 후각을 비롯한 감각 기관을 갖고 있어서 맹도견, 인명 구조견, 마약 수색견, 사냥개 등으로 인간을 돕고 있습니다. 개가 예민한 감각을 갖고 있는 것은 야생에서 살아온 조상인 늑대의 감각을 유전으로 받았기 때문일 것입니다. 개를 자세히 보면 인간과 감정을 교감하고 있다는 것을 알 수 있습니다. 그런데 인간은 그 개를 잡아먹습니다. 예민한 감각의 개가 얼마나 큰 고통과 공포에 떨며 죽어갈지를 생각도 하지 않습니다. 조지 버나드 쇼는 "인간이 육식을 하는 한 전쟁이 그치지 않을 것"이라고 했습니다. 올여름에는 또 얼마나 많은 개들이 죽어갈까요. 우리는 또 얼마나 많은 전쟁의 위협을 견뎌내야만 하는 걸까요. 마경덕 시인은 "이심웅 시인의 시의 세계는 무심히 스쳐갈 수 있는 사소한 것들로 포진되어 있으며 그 사소함 속에 삶의 진실이 깔려 있다."고 평했군요.

쉽게 헤어지기

이유경

웃는 그의 영정사진 앞에 나는 시치미 뗐다
녀석, 설치더니 먼저 갔구나,
즐비한 조화들의 탄식에서 벗어나
그의 혼 이제 유랑객 되어
헌 집 문이나 두드리고 다닐 거야 하면서

늦가을이 병원 뜰 향나무 숲길 아래서
벌레 껍질이나 다독거릴 거고
길가 좀작살나무 보라색 열매들
겨울맞이하려고 탈색 서두를 테니까
이제 할 일 무엇이 남았지?
우리는 소주 한두 잔씩 권해 마시고
각자 도생으로 흩어져 갔다

죽은 자는 빨리 잊어야

산 자끼린 쉽게 헤어질 수 있을 테니까

—책만드는집 간행 《바다로 간 강》

　1959년, 약관 스무 살에 국제신문 신춘문예와 《사상계》로 데뷔하고, 조선일보와 중앙일보 기자로 근무한 이유경 시인은 젊은 시절 저의 로망이었습니다. 저는 시인 방송기자로 그와 비슷한 길을 걸었고, 제가 KBS 기자 때 당시 최병렬 조선일보 편집국장을 뵈러 갔다가 이유경 선배를 소개받았던 기억이 있습니다. 참 오랜만에 신작 시집을 통해 다시 뵌 이 시인의 시에는 죽음 이야기가 가득했습니다. 그러고 보니 일흔아홉 살이시군요. 가족과 친지, 친구들의 부음이 당도하는 빈도가 점차 잦아지겠군요. '시인의 시계'라는 빼어난 해설을 쓴 정미숙 교수는 "노년을 살고 있는 이유경 시인은 자신이 살아온 생생한 경험과 주변의 삶을 통하여 노년 시학이라는 단단한 성취를 이루었다."고 평가했군요. 그러나 늙음과 죽음, 이별은 슬픈 것입니다. 그 슬픔을 그대로 보여준 아름다운 시집입니다.

노래는 태워도 재가 되지 않는다

이일향

내 생에 다 못 부를 노래가 있었느니라
꽃 지고 달 뜨는 밤 차마 소리도 못 내고
가슴속 차오르는 불
눌러 끄던 사랑이었느니라

돌에 새긴 글씨라도 비바람에 닳아지고
활자로 찍었어도 종이는 해지는데
그 노래 내 생애 다해도
마르지 않는 샘이니라

산에 묻으랴 강에 흘리랴 적삼안의 붉은 글씨
한 장 한 장 떼어다가 화롯불에 태워본다
노래는 재가 되지 않고
사리로 굳는구나

-동학사 간행 《노래는 태워도 재가 되지 않는다》

　선생님께서 보내주신 두 권의 시집을 받고 깜짝 놀랐습니다. 동학사에서 출판한 《노래는 태워도 재가 되지 않는다》에 시조와 시 96편, 책만드는집에서 출판한 《사랑이 있는 곳》에 단시조 124편, 일부 중복된 단시조를 빼더라도 220편에 육박하는 작품들을 받아들였기 때문입니다. 선생님의 연세를 돌이켜보니 87세. 그 엄청난 시적 열정과 에너지에 오로지 감탄할 수밖에 없었습니다. 인용한 시조에서는 그동안 보아온 선생님 작품의 절정을 본 듯한 느낌을 받았습니다. 선생님께서는 대구에서 활동하신 이설주 시인의 따님이십니다. 53세 때 시조문학에 정완영 시인의 추천으로 등단했었죠. 부군에 이어 아들이 대기업 사조산업을 훌륭하게 이끌고 있는 집안의 어른이기도 하십니다. 부러울 것 없을 것 같은 선생님이지만 그 가슴 속에는 어쩔 수 없는 상실에 대한 아픔과 사랑의 샘이 흐르고 있음을 알았습니다. 구상 선생이 돌아가시고 기념사업회가 출범할 때 큰돈을 선뜻 내놓기도 하셨지요. 얼마 전에 뵈었을 때, 보행이 불편한듯 하여 염려스러웠습니다. 부디 건강하시어 사랑의 시들을 오래도록 보여주소서.

아 이거야 나 원 젠장!

이종문

끈 떨어진 옛 친구에게 시집 한 권 붙이려고 근무하는 회사에다 전화를 걸었더니, 녹음된 코맹맹이의 아가씨가 나온다

뭐는 1번, 뭐는 2번, 뭐는 3번, 뭐는 4번, 5·6번, 7·8번은 제각각 뭐라는데, 몇 번을 눌러야 할지 도무지 모르겠다

3번을 눌렀더니 4번으로 하라 하고 4번을 눌렀더니 7번으로 하라기에, 전화를 다시 걸어서 7번으로 눌렀다

7번 아가씨에게 연락처를 물었더니 개인정보 보호법에 어긋나는 일이라서, 가르쳐 줄 수 없단다. 아 이거야 나 원 젠장!

―황금알 간행 《아버지가 서 계시네》

　이 선생의 이 시조를 읽다가 영화 〈나, 다니엘 블레이크(I, Daniel Blake)〉가 떠올랐습니다. 81세의 영화 감독 켄 로치가 만들어 지난해 칸느영화제에서 대상인 황금종려상을 받은 작품이죠. 평생을 목수로 살아가던 다니엘이 아내를 잃고 심장병으로 의사가 일을 하지 말라고 하자 실업급여를 받으려 찾아간 관공서에서 복잡하고 관료적인 절차 때문에 번번이 좌절하고 죽어가는 이야기지요. 복지 선진국일 듯한 영국을 무대로 한 것인데, 영화를 보는 내내 참으로 복장 터지는 현실을 마주합니다. 이종문 시인의 경우도 복장 터지는 일의 연속은 비슷한데 터치는 영화처럼 심각하지가 않고 가볍습니다. 이는 다른 작품에서도 동일하게 나타납니다. 이를 호병탁 문학평론가는 "웃음의 눈꼬리에 이슬 맺히게 하는 강한 토속서정의 힘"이라고 쓰고 있군요. 시인으로는 좀 늦게 서른여덟에 등단한 이종문 계명대 교수는 독특한 화법으로 시조단의 주목받는 시인이 되었습니다. 그의 작품을 읽으면 늘 경쾌하고 즐겁습니다. 전혀 엄숙하지 않으면서도 큰 공감을 불러일으키는 것이 이종문 시조의 힘이라고 하겠습니다.

죽어서 하나 되다
-세월호

이지엽

구명조끼 끈 가운데 위쪽 끈은 각자 묶고
아래 끈은 연결하여
연리지 된 남녀 학생
얼마나 무서웠을까 얼마나 애절했을까

-책만드는집 간행 《내가 사랑하는 여자》

　한국 현대사 최고의 비극 가운데 하나로 남게 될 세월호 사건을 다룬 단시조입니다. 그 정경을 떠올리기만 해도 가슴이 미어집니다. 보도된 기사 하나로 비극의 핵심을 짚어낸 작품입니다. 이지엽 시인은 대학에서 국문학을 가르치는 교수입니다. 그가 광주에서 교편을 잡고 있을 때, '우리시대 현대시조 100인선'을 기획했고, 저에게도 전화를 해온 것이 최초의 만남이었죠. 그는 참으로 열정적인 사람입니다. 《열린 시조》라는 획기적인 잡지를 내서 시조단의 주목을 받았는데, 한 번은 제게 자유시를 포괄하는 잡지로 바꾸었으면 어떻겠는가 하는 의논을 해왔었죠. 그래서 나오게 된 것이 《열린 시학》입니다. 직장을 경기대학교로 옮기더니 더 바빠졌습니다. 두 잡지의 주간을 하고, 출판사를 경영합니다. 문학예술상도 운영하고 있습니다. 그렇게 바쁜 가운데서도 제가 부탁한 작품론을 마다않고 써준 고마운 분이지요. 이번에 낸 시집은 책만드는집 '한국의 단시조 시리즈' 여덟 번째로 나왔군요. 이지엽 시인이라고 하면 〈해남에서 온 편지〉라는 인상적인 사설시조로 알려져 있는데, 시조의 본령인 평시조도 뛰어나군요.

대관령
 -쓸쓸한 동행

이채민

손끝의 체온만을 기억한다

바닥의 체온은 쥐어주지 못했다

함께 양떼를 몰고 산을 오르는 동안

제의祭衣의 의식을 갖추고 뒤따르던

은사 같은 햇살이 앞서 산을 넘고 있었다

환히 보이던 열두 개의 능선이

하나씩 허물어져 가고

두 어깨 위에는 는개가

눈물처럼 젖어 들었다

―미네르바 간행 《빛의 뿌리》

　보내주신 시집에서 이 시를 읽다가 "이채민 시인은 외롭고 쓸쓸하고 슬픈 소리를 잘 듣는 예민한 귀의 소유자"라는 문태준 시인의 말에 공감하였습니다. 한 행을 한 연으로 처리한 데서도 이 시인이 얼마나 예민한 감각을 가졌는지를 짐작할 수 있었습니다. 그래서 "은사 같은 햇살이 앞서 산을 넘고" "환히 보이던 열두 개의 능선이// 하나씩 허물어져 가고// 두 어깨 위에는 는개가// 눈물처럼 젖어"드는 "대관령"의 "쓸쓸한 동행"을 가슴 저리게 느낄 수가 있었습니다. 이번 시집에서는 육친에 대한 시편이 마음을 적셨습니다. "텅, 텅, 텅,/ 비어 있는 북소리로 가득했"던 "아버지의 방"이든지, "아들 손자 며느리에게 배꼽인사하고/ 팔십에 유치원"에 가는 어머니의 모습은 공감의 폭이 크다고 하겠습니다. '미네르바' 편집 주간에, 한국시인협회 사무국장에 무척 바쁜 일상을 보내시는 분이 언제 이렇게 '진짜 유리' 같은 시들을 쓰셨는지, 감탄할 따름입니다.

우수 무렵의 시

이처기

살붙이가 보내온 회신을 읽어보고
지웠던 그림을 다시 드로잉하며
그리다 그만둔 지도 선을 따라 이어간다
이민 가는 이삿짐 포장 펜으로 쓴 주소에
잉크가 스며들어 젖어오는 우수 무렵
판자문 문 앞에 놓인 흐트러진 구두 한 짝

-동방 간행 《하늘채 문간채》

　오랜만에 현대 시조의 아름다움을 재발견한 작품입니다. 우수 무렵의 분위기를 그림처럼 그려내었습니다. 이처기 시인은 동양화를 전공하고 중등학교에서 미술을 가르치다 교장으로 정년퇴직한 분입니다. 따라서 그의 작품에는 동양화의 운필을 보는 듯한 작품들이 많습니다. 이것을 이경철 문학평론가는 "묘사를 기막히게 잘하는 시인"이라고 쓰고 있군요. 이것은 그림 그리듯 시를 쓰기 때문일 것입니다. 2011년도 한국시조시인협회 본상 수상작인 〈기억을 날리다—잠자리〉도 세 수의 각 수 초장, 중장에선 잠자리를 치밀하게 묘사하고 종장에서 그 묘사에 자신의 내면 풍경을 담아내고 있습니다. 시에서 스케치가 얼마나 중요한가를 잘 보여주는 사례라고 하겠습니다.

겨울나무 곁에서

이충재

겨울나무에게도 온기가 남아 있다
다 보내고 홀로 남은 것은
또 다른 만남을 향한 뜨거운 포옹
가장 나중까지 기억을 담는 누군가의 청각
이별을 두려워하지 않는 것도
온몸으로 마음을 읽어내는 힘 때문이다

벗겨져 상한 알몸인 줄로만 알았다
속살 안으로 켜켜이 우겨 잡힌 힘줄들의 경전
숨 쉴 때마다
대지가 들썩이는 가변적 현상
그 밑을 지나는 이의 영혼을 채우고 있는
단추 구멍 사이로 높고 파란 하늘이 보인다

잘리우고도 창공을 향해 눈 감지 않은 나무

온기를 뿜어 길손의 손을 잡아 주고 있다
헐벗은 영혼을 일으켜 세우는 높고 긴 가지 손
부동의 자세로 서 있는 모습만 보아온 내겐
빈 무릎을 꿇고도 저리 용을 쓰는 것은
아직 누구에게 줄 뜨거운 온기가 있어서다

— 문화발전소 간행 《사람 섬에서 살며》

　1994년 《문학과 의식》 시 부문으로 등단하고, 2016년 월간 《시》가 제정한 제1회 '시평론' 대상을 받은 시인의 열 권째 시집입니다. 현재 '이충재 시치료 연구소' 소장으로도 있는 '생계형 시인'입니다. 저는 두 가지 점에서 반가웠습니다. 우선 첫째는 인용한 시에서도 보이듯 그의 시는 치유를 지향하고 있기 때문입니다. 미국에서는 시치료(Poetry therapy)가 병원에서 환자 치료에 쓰이고, 우리나라에도 시치료학 박사가 탄생한 환경에서 그와 저의 관심이 만났기 때문입니다. 또 하나는 그와 저는 '생계형 시인'을 지향하고 있다는 점입니다. 저는 직장을 그만 둔 뒤, 어쩔 수없이 '생계형'이 되었고, 저보다 한참 젊은 그는 의지적 '생계형'으로 보이긴 합니다만 어쨌든 바라보는 곳이 같습니다. 저는 궁극적으로 시인은 시로서 먹고 살아야 한다고 생각하는 사람입니다. 그의 비평을 여러 차례 보았고, 이번 시집에서도 자평을 읽었습니다만 그는 산문을 잘 쓰는 시인입니다. 한 가지 여쭤보고 싶은 것은 이론에 치중하다보니 자칫 시가 설명으로 흐르려 하진 않던가요? 기우杞憂이길 바랍니다.

전각篆刻 10

이한성

한눈을 팔거나 밭은기침할 수 없다.
인도 한 번 스치면 모든 것이 끝나는 것
옥석 위 한 치의 공간
꽃도 피고 나비 날고

소나무 옹이 박이듯 헛살 돋은 손끝에서
모가지 길게 빼고 날아오른 새 한 마리
물고기
물고 흔드는
물소리가 말갛다.

반쯤 벙글 흰 연꽃 씨방 속 푸른 향이
바람처럼 수면 위를 찰방찰방 적시는데
서녘의 하늘 안쪽에 까치놀이 타고 있다.

-고요아침 간행 《전각》

그동안 소식 뜸하여 무얼 하나 하셨더니 전각을 하셨군요. 이번 시집을 읽어 보니 전각도 다른 예술과 마찬가지군요. 칼 한 번 잘못 스치면 "모든 것이 끝나는 것"이로군요. "한눈을 팔거나 밭은기침할 수 없"는, 그야말로 초감각의 세계로군요. 하기야 우리 삶의 소중한 것 치고 그런 정성 들이지 않고 이룰 수 있는 것이 있겠습니까? 그런 예藝의 세계가 종심을 맞은 시인에게 꽃피는 것이 이번 시집이라고 보았습니다. 대학 재학 중에 《월간문학》 신인상으로 등단하시고, 중앙시조대상과 가람시조문학상을 수상한 시인은 이제 대가의 풍모를 보여주고 계십니다.

비가悲歌
-그녀, 미라

이현서

이제 그만 이 형벌을 거두어 주세요
투명한 유리관 속으로 쏟아지는 빛의 세례에
알몸의 수치감마저 거두어 가는
저 횡포를 막아주세요

먼 이국의 땅에서
수천 년 숨죽인 채 불면의 날을 보낸
내 심장에선 더 이상 꽃잎이 열리지 않고
늑골에서는 물 흐르는 소리 들리지 않아요
가까스로 맺힌 통한의 눈물 한 점 속엔
흰 구름이 흘러가고, 새가 울고, 꽃잎 지는 저녁이 자욱해요

바스러진 몸의 언어들이 건조한 입술만 뻐금거리는 행간 위로
붉은 사막의 모래바람이 불어와요

뚜벅뚜벅 발자국 소리에 돌아오지 않은 당신을 기다리며
또 얼마나 긴 불면의 밤을 건너야 할까요

-미네르바 간행 《구름무늬 경첩을 열다》

　첫 시집인데 어떻게 이렇게 시를 잘 쓰시나요? 그러고 보니 시력은 10년 이로군요. 그야말로 "구름무늬 경첩을" 여니 화려한 보물들이 쏟아져 나왔습니다, 인용한 시는 박물관에 미라가 되어 누워 있는 "수천 년" 전, 옛 여인의 모습을 그린 것입니다. "투명한 유리관 속으로 쏟아지는 빛의 세례에/ 알몸의 수치심마저 거두어가는/ 저 횡포". "심장에선 더 이상 꽃잎이 열리지 않고/ 늑골에서는 물 흐르는 소리 들리지 않"으니 "이제 그만 이 형벌을 거두어"달라는 것이죠. 이 시는 그러나 "뚜벅뚜벅 발자국 소리에 돌아오지 않은 당신을 기다리"는 "불면의 밤"을 앞힘으로써 서정시의 완결미를 갖추었습니다. 제가 기쁠 때는 이렇게 좋은 시인을 만날 때입니다. 《현대시학》 내던 정진규 시인이 "좋은 신인을 발견했다."며 기뻐하던 모습이 떠오르네요.

어머니는 나를 잊었습니다

이화인

어머니는 나를 잊었습니다
첫째도 막내도 아닌 나만을 잊었습니다
일흔넷 된 큰누나는
내리 동생들을 업어 키워서 못 잊고
일찍이 사업에 실패한 큰형은
집안의 대들보가 무너졌다며 못 잊습니다
철없는 나이에 남의 집 양녀로 보낸
셋째 누나는 죄책감으로 못 잊고
넷째인 작은형은 배움이 짧아 못 잊습니다
얼굴이 토실한 토끼 같은 막냇누이는
늦둥이로 태어나 제대로 젖 한 번
못 물려 잊지를 못합니다
육십 평생 객지를 떠돌며 산전수전 다 겪고
남몰래 흘린 눈물로 밥술이나 먹고사는
나만을 이름도 나이도 잊었습니다

내 등에 아물 새 없이 눈물로 핀 꽃들
붉은 상흔傷痕 바라볼 때마다
"고맙소, 참으로 고맙소"
어머니는 내 손을 잡으시고 눈물 그렁그렁합니다
그럴 때면 어머니 두 눈동자에
반백의 아버지가 울고 계십니다
어머니는 나를 잊었습니다
그러나 잊은 게 아니었습니다
흘러간 세월을 헤집고 젊음을 기억하려는
어머니 두 눈에 돌아가신 아버지가 계십니다
일찍 떠나서 미안해하는, 측은한 마음으로
나를 바라보는, 울고 계신 아버지가 계십니다

-홍두깨 간행 《가벼운 입술 소리》

　아, 어머니께서 잊어버리는 병에 걸리셨군요. 다른 형제들은 다 기억하시는데 시인만 잊으셨군요. 얼마나 서운했을까요? 그러나 진정한 효자는 시인이십니다. 그 기막힌 사연들을 다 안고 계시다면 어머니께서 얼마나 힘드실까요? 시인에 대한 기억만큼 아픔을 덜어드린 효자십니다. 바라보는 어머니의 눈동자에는 내가 눈부치되이 비칩니다. 아, 그것은 내가 아니라 오래전에 떠나신 아버지입니다. 내가 아버지를 쏙 빼닮은 모습이 되어 어머니 눈동자에 자리하고 있기 때문입니다. 그렇게 아버지와의 만남을 그리는 이 시는 감동적입니다. 이밖에도 초승달을 아내의 손톱으로 본 시도 빛납니다. 초승달을 님의 눈썹으로 본 미당의 발견에 못지 않은 발견입니다. "오긴 왔나 보다／ 뜬금없는 흔적이 눈물로 남아 있다"(첫눈) 같은 아름다운 시를 새해 선물로 주신 시인께 감사합니다.

꽃

임성숙

나를 사살하는 것은 총이 아니다
비수가 아니다
공해나 병균이 아니다
언제나 무서움이 나를 노린다
나를 산 채 사살하는
도무지 무어냐 너는
어디 있느냐
나는 나의 적을 피해 다니며 찾아 헤맨다
헤매고 헤매어서 마주치는 건
귀여운 것아
내 안에 숨어 피는 꽃
숨 쉬는 미동에도 바르르 떨고 있는
가녀린 너다
귀여운 것아
너를 피해 다니면서 찾아내서는

사살당하고 미친 듯 찾아내어
또 사살당한다
그리고도 나는 죽지 못한다
귀여운 것아 너는 적이다
나의 꽃이다

― 월간문학 출판부 간행 《하늘을 보기까지》

　시력 50년의 임성숙 시인이 85세를 맞아 시선집을 내셨네요. 그동안 쓰신 1천여 편 가운데 2백 편을 골라 묶었습니다. 시인의 한 생애가 담겨 있는 묵직한 시집입니다. 임성숙 시인은 청미 동인으로 활동하면서 16권의 시집을 내셨습니다. 조명제 문학평론가는 임 시인의 작품 세계에 "우수의 그늘과 내면 투시의 상상력"이란 제목을 붙이셨는데, 제가 소개한 작품에서도 그러합니다. 시인의 초기시인 이 작품은 자신의 내면 속에 숨어 자신을 죽이는 존재를 꽃이라 이름 합니다. 많은 시인들이 꽃을 소재로 시를 써왔건만 이렇게 무서운 존재로서의 꽃은 처음입니다. 이 같은 '내면 투시의 상상력'이 임 시인의 시 세계를 이끌어온 힘이라 보았습니다. 부디 건강하셔서 노년 정신의 빛남을 보여주소서.

민들레꽃

임종찬

오리목 숲길 따라
실개천 건너가니

피다 만 민들레꽃
수그리고 앉아 있다

첫 선 본 그날 얼굴이
이 산중에 살다니.

－세종출판사 간행 《감자꽃》

　1966년 부산일보 신춘문예에 시조가 당선하고, 1973년에 《현대시학》에 시조가 천료된 원로시인께서 단시조집을 내셨습니다. 시인이 나이들면서 시가 짧아지는 것은 그만큼 단시형이 시의 본모습에 가깝기 때문은 아닐까 하는 생각을 하였습니다. 소개한 작품은 "숲길"에서 본 "민들레꽃"이 "첫 선본" 색시의 얼굴이더라는 매우 재미 있는 발견입니다. 이런 맛은 단시조가 아니면 내기 어려울 것입니다. 왜 시인이 단시조를 즐겨 쓰는지 이해가 될 듯 하였습니다. 머리글에서 "시조는 나의 어버이다. 오늘의 나 되도록 키워줬다."고 쓰셨네요. 시조에 감사해하고 시조와 함께한 평생이 행복했음을 술회하셨습니다. 부럽습니다. 또한 책 끝에 붙인 시조론은 제게 많은 공부가 되었습니다. 그러고보니 선생님의 작품을 뵌 지가 반세기가 훌쩍 넘어섰네요. 늘 동안童顔이니 건강하실 것입니다. 오래 사십시다.

단상斷想, 다섯 개

임영석

1. 담배

다음 배에 온다고 해서 붙여진 담배란 이름,
얼마나 기다리면 다음 배, 다음 배가
입속에 둥지를 틀어 담배라고 불렀을까.

2. 기러기

살얼음에 머리 박고 먹이를 찾는 기러기 떼
추위보다 더 단단한 별빛을 주워 먹고
아무리 머나먼 길도 별빛을 찾아 날아온다.

3. 나의 이름

보리쌀 한 말 주고 지었다는 내 이름은
탁발 스님 입속에서 염불처럼 나왔는데
보리쌀 한 말 값만큼 살았는지 궁금하다.

4. 나무 시장에서

땅속에 뿌리박고 사는 것은 똑같은 데
어느 잎은 푸르르고 어느 잎은 황금빛이다
나무도 금송金松이 되면 대접부터 다르다.

5. 폐교를 바라보며

성근 별만큼이나 많았던 아이들이
세상의 어둠보다 사람의 어둠 속에
그대로 매몰되었다 참, 구조가 더디다.

-시와소금 간행 《꽃불》

　스케일을 자랑하는 많은 작품 가운데 이 다섯 편의 단시조 모음이 눈길을 끌었습니다. 왜 독립시키지 않고 단상이란 이름으로 묶었을까요? 단시조는 단장으로의 성격도 강합니다. 이 단장은 짧은 하나의 이미지로 우리 삶의 한 면을 보여줍니다. 우선 〈담배〉, 담배 끊기가 얼마나 어려운가는 겪은 사람은 잘 알지요. "다음 배, 다음 배"의 연속이 담배라는 발상이 참 재미있습니다. 기러기가 "별빛"을 먹고 "별빛"을 "찾아 날아온다"는 것이나, 보리쌀 한 말과 바꿔지은 "내 이름". 나무도 "금송"이 되면 대접부터 다른데, 사람은 오죽 하겠습니까? 사라진 아이들의 더딘 구조를 기다리는 "폐교", 이런 재치 있는 발상의 모음입니다. 임영석 시인의 단시조들은 "스스로 천연기념물이 될 수 있는 생명력"을 얻어가고 있네요. 축하합니다.

샛흰

장상희

흰 것보다 '더욱 흰' 것이 있다면 그건,
이 철쭉밭이다
고개 돌리는 데마다
찰랑이는 투명
범람하는 물의 길을 따라
희다 못해 연푸른 실핏줄이 내비치는
명랑한 파도가
광속으로 덮쳐온다
이리도 일순간에
심부를 파고드는 젖빛일까
빛의 대담한 붓질,
물성을 압도하는
이 폭발적인 감광수치를
달리 무엇이라 이름지을 것인가
용오름처럼 벅차올라

서슴없는 익사의 지경에서는
숨조차 멎게 하는
산란한 빛너울을 오,
그저 '샛희다'고 이를 수밖에

-시문학사 간행 《연두처럼 지다》

    등단 15년 만에 낸 첫 시집입니다. 요즘처럼 시집이 쉽게 나오는 시대에 오래 기다리셨다 하겠습니다. 그 이유를 "이 시집이 내 사는 세상에 무엇을 더하기를 감히 바라지 않으나, 부디 종이를 만들기 위해 베어지는 나무들에 응당한 값을 하길 바랄 뿐이"라고 '시인의 말'에서 밝히고 있습니다. 시인의 이런 '결벽'증에 대해서 이향아 선생은 "앞으로는 시집 내는 일에 대하여 망설이지 말기를 당부"했군요. 그 이유를 저는 충분히 공감하였습니다. "여러 날에 걸쳐" "공들여 읽은" 이 선생처럼 저도 장 시인의 시집을 밤을 새워 읽었기 때문입니다. 소개한 작품에서는 "흰 것보다 더욱 흰" 것을 "샛희다"고 명명하고 있습니다. '샛흰'의 세계는 "숨조차 멎게 하는/ 산란한 빛너울", 극한의 심미審美의 경지라고 하겠습니다. 시인은 여러 편의 작품에서 이런 말의 심미안을 보여주고 있습니다. "여자만汝自灣"이라는 지명의 오묘함, 오징어의 일본말인 '이까', '별바라기', '어찌 씨(부사)' 이야기, '전라도 소금 독의 사연 등에서 언어의 새 맛을 보여줍니다. 시인은 언어를 발견하는 발견자이자 언어의 조련사라는 것을 실감하게 하는 시집이었습니다.

박쥐와 나무옹이

장석주

비린내 나는 계집과 이별,
벙어리 뻐꾸기와도 이별,
이별의 일은 이별의 일로 끝내고
더는 피가 소란스럽지 않기를 바란다.
은하의 일들은 내 소관이 아니므로
모란은 모란의 일로 바쁘고
모란 옆 바위는 제 그늘을 건사하느라 바쁘다.
동굴 박쥐에 대해
눈먼 사람의 꿈과
국수를 먹고 나이 먹는 것에 대해 생각한다.
모란이 초란만 한 꽃봉오리 맺을 때
그 여자의 복사뼈와 발뒤꿈치를
떠올린다. 나는 잘못 살지 않았으나
입동 지나 물에 살얼음이 끼고
갈가마귀들이 곡식 낟알들을 찾아 들을 헤집는다.

살아오는 동안 두부 몇 모를 먹었던가?
살아온 보람이 두부 몇 모보다
더 크지는 않다.
가을이 오고 시 몇 편을 쓰고
낡은 시간에는 연못 옆 풀밭에 쪼그리고 앉아
고라니 배설물을 유심히 쳐다본다.
박쥐들이 먼 데서 날고
나무옹이는 어떻게 생겨나는지를 헤아리는 날들.
숲에는 옹이가 있는 나무들과
없는 나무들이 섞여 서 있다.
어김없이 겨울이 오자 북풍이 불고
새들은 돌멩이처럼 핑핑 날았다.
하지감자의 수확은 보잘것없고
당시唐詩를 읽는 일은 진도가 느렸다.
바람이 문을 탕, 하고 여닫다 물러나면
묶인 개들이 놀라서 짖어 댔다.
대추나무 아래 벌레 먹은 열매 두엇 떨어져 있다.
박쥐와 옹이 박힌 나무들에 대해
자주 생각하는 날들이 지나간다.

-민음사 간행 《일요일과 나쁜 날씨》

　상상력이 자못 현란하지요. 이 정도 돼야 현대시라고 할 수 있지 않을까요? 나는 장석주 시인의 분방한 이미지 전개를 좋아하지만 이 시에서는 특히 "나는 잘못 살지 않았으나/ 입동 지나 물에 살얼음이 끼고/ 갈가마귀들이 곡식 낟알들을 찾아 들을 헤집는다"라는 부분이 마음에 와 닿았습니다. 이는 미당이 '수대동시'에서 신음한 "오랫동안 나는 잘못 살았구나" 이후 시인들을 짓눌러온 자의식에서의 탈출로 읽혀졌기 때문입니다. 조재룡 문학평론가는 작품 해설에서 "장석주는 시를 통해, 시에 의해, 시도해 보지 않은 것이 없다고 말해도 좋을 시인"이라고 쓰고 있군요. 사실 그의 시도는 시에서 그치지 않지요. 엄청난 저작 물량이 그것을 입증합니다. 우리 시대에 가장 부지런한 작가 가운데 한 명입니다. 저는 장 시인의 이번 시집의 제목을 '자두나무와 야만인'이라고 했으면 좋았겠다고 생각했습니다. 그만큼 이번 시집에 관류하고 있는 정신이 자두나무의 순수성과 야만의 힘으로 읽혀졌기 때문입니다. 얼마 전, 김남조 선생의 '예술의 기쁨'에서 최근 시집을 펴낸 장 시인과 몇 명의 시인들을 축하하는 모임에서 만났었지요. 고은 선생의 수원 행사에서는 사회를 하는 모습도 보았습니다. 또 하나의 시도를 훌륭하게 성취한 장 시인에게 축하를 보냅니다.

어머니와 시
-배우 최불암 2

장재선

누구는 그에게서 한국인의 아버지를 보고
누구는 그에게서 타고난 광대를 읽었으나
나는 그에게서 언제나 시인을 읽었다.

피가 뜨거웠던 시절
명동 은성의 술집에서 만났던
박인환과 오상순, 변영로, 이봉구, 그리고 아, 천상병
남루를 입고도 멋졌던 이들에게 술을 내준
어머니는 늘 젊고 아름다웠다.

촬영을 쉬는 날 그가 때로 시집을 읽은 것은,
유목에의 열망을 잠재우려는 몸짓이었으나
실은
은성의 사람들과 어머니를
그리워하는 시간의 달콤함 때문이었다.

그렇게 시를 만나고 또 만나서
스스로 시인이 된 그는
칠십대의 나이에도 이런 문자를
손으로 찍어서 보내며
메마른 휴대전화기에
따순 숨결을 불어넣는다.

'세월은 그리움을 만들긴 하지만
만남을 허락하지 않는군요.'

-작가 간행 《시로 만난 별들》

장재선 문화일보 문화부장이 시집을 냈네요. 그것도 33명의 연예인들을 대상으로 쓴 시 40편과 그 연예인에 얽힌 이야기들을 묶은 재미있는 책입니다. 이 시에 나오는 '은성'은 저도 인연이 있습니다. 1967년, 대학생이던 저는 명동에 예술인들이 많이 오는 술집이 있다는 말을 듣고 친구와 함께 갔었지요. 국립극장 바로 옆에 있는 전형적인 통술집이었습니다. 그런데 술집 여주인이 자기 아들이 나오는 연극이 지금 국립극장에서 공연되고 있다고 말하는 것이었습니다. 바로 최불암 씨의 모친 이명숙 여사였습니다. 1966년 MBC 라디오 드라마에 첫 출연하고, 그해 KBS로 적을 옮긴 최 씨는 당시에는 무명배우였습니다. 그런데 이 여사께서 아들을 무척 자랑스럽게 이야기하던 기억이 납니다. 1969년 MBC TV 개국과 함께 다시 자리를 옮긴 최 씨는 1971년 연속극 〈수사반장〉에서 주인공 박 반장 역으로 나오면서 국민적인 명성을 얻었습니다. 장재선 부장은 소설가이자 시인, 영화평론가입니다. 《AM7이 만난 사랑의 시》라는 시집이 있지요.

어느 날의 오로라
-아내에게

장지성

어느 날 꿈속에서 생시이듯 현신하여
맨 처음 거닐었던 클로버 긴 강둑길
밤새워 은하수 녹이던 그 어둠도 환한 빛을.

그 후광 어디쯤에 비단 천을 드리우고
소맷자락 펄럭이는 극광極光의 저 춤사위
자기장 열기를 다스려 눈 감아야 보이는가.

한 생을 같이 하자던 그 언약 저버리고
지상에 홀로 남아 우리러 이 한밤을
추회追懷도 빛이 되는가, 눈물샘에 얼비치는.

-시와에세이 간행 《외딴 과수원》

　가슴 저미는 사부思婦의 노랩니다. 사랑하는 사람들은 한날한시에 가자고 언약도 하건만 그것은 사람의 영역이 아니죠. 시인은 먼저 떠난 아내를 꿈에서 만났던가 봅니다. 첫 데이트 장소를 함께 거닐었다네요. 이제 아내는 오로라의 나라에 있어 눈을 감아야만 보이니 기가 막힐 일입니다. 장지성 시인은 1966년 서울신문 신춘문예에 시로, 1967년 공보부 주최 제6회 신인예술상에 소설로, 1969년 《시조문학》에 시조로 세 장르 등단을 하신 분입니다. 그런데 결국 시조로 일가를 이루었습니다. 이번 시조집에 수록된 작품 가운데 〈고요〉는 현대시조의 한 절정을 보여주고 있습니다. "물총새/ 한 마리가/ 언제부터 앉아있다/ 호수에 잠겨있는/ 고향과 저녁노을/ 일순간/ 낙하落下를 하며/ 낚아채는/ 먼 유년."

아름다운 나무 독

전석홍

수백 년 숨결을 내쉬고 있다
남한 삼대 길지라는 운조루雲鳥樓

대문 들어 곳간엔
이미 쌀뒤주 우람한 몸집 눌러앉았고
통나무 독 하나 외로이
가난한 발걸음 소리에 귀를 기울이고 있다
쌀 두 가마 반을 한 품에 안고서

고달픈 민초들 스스로
타인능해他人能解 마개 돌려
쌀을 담아 가 끼니를 잇게 하는
아름다운 가진 자 혼의 메아리,

바람 찬 세상 마음을 녹여 준다

−시학 간행 《원점에 서서》

전라북도 남원에서 경상남도 하동으로 가는 국도를 타고 전라남도 땅으로 들어서면 왼쪽으로 '운조루'라는 표지판이 나옵니다. 조선 영조 52년(1776년)에 삼수부사 유이주 대감이 낙안군수로 계실 때 지은 99칸 한옥이죠. 이 집은 조선 중기 지방 양반의 주거를 알 수 있는 중요 민속자료 8호인데, 뒤주에 얽힌 '타인능해他人能解' 정신이 유명합니다. 즉 "쌀이 필요한 사람은 누구든 가져가라"고 뒤주를 개방한 거죠. 한국식 '노블레스 오블리주'라고 하겠습니다. 이 시를 쓰신 전석홍 시인은 전라남도지사를 지내신 정, 관계의 원로십니다. 만년에 시단에 나와 일곱 권째 시집을 내셨습니다. 목민관을 지낸 분이 운조루를 둘러보고 쓴 시입니다. 저는 이 시를 특별한 감동과 감사의 마음으로 읽었습니다. 운조루는 저의 종가宗家거든요.

창
―이녹 아든의 편지

전연희

아내여 우리 창엔 달을 낮게 달아 두오
터질 듯 시린 하루 웅크린 몸을 풀어
달무리 그늘을 베고 선한 꿈속 잠이 들게

아내여 주렴 거오 얼기설기 발이 성근
간간이 새어드는 손에 가득 햇살 헤면
나무순 허물을 벗는 오늘은 쾌청이오

눈물 맑은 결을 닦아 눈을 뜨는 아내여
보아도 눈먼 나음 닫은 창을 활짝 열면
바람도 나직한 음성 말문 열어 닿으리다

―고요아침 간행 《푸른 고백》

　도서출판 고요아침의 현대시조 100인선에 다섯 번째로 나왔군요. 전연희 시인이 쓴 이 작품의 소재인 이녹 아든은 영국 계관시인 알프렛 테니슨의 담시譚詩죠. 한 마을에서 함께 자란 에니와 결혼한 이녹은 딸 하나에 아들 둘을 낳고 중국으로 가는 배를 탔다가 난파해 10여 년 만에 간신히 고향으로 돌아오지요. 그러나 그 사이에 에니는 역시 어릴 적부터 함께 자란 필립과 결혼해 아들도 하나 낳고 행복하게 살고 있는 것을 확인하고 그들의 행복을 위해 홀로 죽어간다는 매우 슬픈 이야기 시입니다. 저 역시 고등학교 시절에 이녹 아든을 가슴 저미게 읽었던 기억이 있습니다. 저와 동향인 전 시인은 신라중학교 교장도 지내시고 지금은 부산시조시인협회 회장이시군요. 시집의 말미에 실은 자전적 시론도 감명 깊게 읽었습니다. "아픔에도 가벼이 입맞춤하"는 시인께 경의를 표합니다. 저도 그러고 싶으니까요.

모두 다 갔다

정선희

연변에 사는 조선족들은 남편을 나그네라고 한다
나그네는 집을 떠나 길 위에 선 사람,
얼마나 많은 남편들이 길을 떠나 나그네가 됐을까
얼마나 많은 눈물과 한숨이 모여 구름이 되고 강물이 되었을까

어떤 구름은 일본으로
어떤 구름은 러시아로
바람 따라 뿔뿔이 흩어졌다

연변 가수 최승화는 '모두 다 갔다'고 노래한다
그 노래를 따라 부르며 눈가가 발개진 사람들,
나그네란 말에서는 눈물 냄새가 난다
베트남에 돈 벌러 간 남편을 기다리는 이웃집 새댁도
남편을 나그네라 부른다

−시와표현 간행 《푸른 빛이 걸어왔다》

　몇 년 전 연변에 갔을 때 길바닥에서 이 〈모두 다 갔다〉를 부르는 장년 여성을 본 적이 있습니다. 그 가사가 강렬하여 오래 잊지 못했고, 그것을 소재로 시를 쓰기도 했었는데 연변 가수 최승화가 불러 히트한 노래로군요. "얼마나 많은 남편들이 길을 떠"났기에 연변 조선족들은 "남편을 나그네"라고 부르는 걸까요. 연변 조선족들은 세대 차이에서 오는 갈등에다가 중국 중앙 정부의 소수 민족 분리 정책에 따라 중국 이곳저곳으로 흩어지고 있습니다. 저도 상하이에서 한족과의 결혼을 반대하는 부모를 떠난 연변 출신 조선족 여성을 만난 적이 있습니다. 이뿐 아니라 우리나라에도 많은 조선족들이 함께 살고 있지요. 제가 사는 아파트에서도 돌보는 아기를 들쳐업은 채 연변의 딸과 통화하는 여성을 보았습니다. 이런 현상을 생각하면 중국과의 관계가 좋아야 할 텐데 최근 갈등을 보며 불안해집니다. 이분들은 또 얼마나 불안해할까요. 이제 중국 정부는 아예 한국 여행을 막고 나섰군요. 연변 사람들이 남편을 나그네라고 부르지 않을 수 있는 날은 언제일까요?

봄꽃 앞에서

−먼 나라에서 일어난 전쟁이여, 태연하게 집으로 꽃을 사들고
 가는 나를 부디 용서하라
　　　　　　　　　　−비스바와 쉼보르스카의 〈작은 별 아래서〉 중

정수자

봄꽃이나 사볼까나
좌판을 죽 뒤적이다

그새 일 년이… 손이 무춤할 때

슬픔은 어디서 숨어 올까
온 천지가 꽃난린데

통곡쯤은 전단인 양
찢고 찍는 차벽 앞에

거리를 띳집 삼은 저 눈물 촛불[燭佛]들

아직도 못 묻은 꽃들을
심장에서 꺼내는데

얼마를 더 바쳐야
우리 봄은 봄이려나

호곡으로 세워온 봄꽃 앞에 엎드릴 때

산하도 촛불을 켜드네
제단을 새로 차리듯

-시인동네 간행 《비의 후문》

　아마도 이 시조를 쓰게 된 동기로 보이는 쉼보르스카의 시구는 역시 절창이로군요. 어쩌면 일상의 비극을 이렇게 핵심을 찔러냈는지… 대가의 솜씨는 역시 다르군요. 그렇습니다. "온 천지가 꽃난린데" "슬픔은 어디서 숙여울" 수 있겠습니까? 장석주 시인은 "정수자의 시집에는 나혜석, 일본군 위안부, 당고모, 세월호 재난으로 명을 달리한 이들을 위로하는 제의의 시들을 포함해서 애꿎게 눌리고 찢겨 죽은 자들의 해원을 비는 울음의 시가 다수 있다."고 분석하고, "시인의 마음은 개인의 영달을 꾀하는 것, 저 혼자 잘 먹고 잘 살자는 욕심에서 멀다."고 갈파했군요. 정 시인이 〈어느 별지기에게〉에서 노래한 것처럼 시인의 마음은 "밥 먹자/ 같이 먹자고/ 온몸으로 종을" 치는 마음이자, "허공 벼랑에 희망을 파종하"는 마음이지요. 조선일보에 좋은 시조들을 소개하느라 애를 많이 쓰고 계시지요. 저도 정 시인의 덕분으로 제 부족한 시조가 큰 신문의 지면에 소개되는 영광을 누려 늘 감사해하고 있답니다.

울지 말고 꽃을 보라

정호승

울지 말고 꽃을 보라
울면서 하동포구까지 걸어가지 마라
꽃은 울지 않고 다만 피어날 뿐이다
지금 꽃이 너를 위해 웃고 있지 않느냐
어제 죽은 이들이 다시 꽃으로 태어나
너를 보고 고요히 미소 짓지 않느냐
꽃잎 위에 앉은 아침이슬을 보라
이슬 속에 앉은 저 지리산을 보라
지리산을 나는 새들의 마음의 자유를 보라
꽃보다 아름다운 사람은 없다
이제 손에 들고 있는 무거운 밥그릇을 내려놓아라
산다는 것은 마음속에 꽃 한 송이 피우는 일
꽃은 떠나가도 꽃의 향기는 떠나가지 않는다

−창비 간행 《나는 희망을 거절한다》

　1979년에 나온 첫 시집 《슬픔이 기쁨에게》가 쇄를 거듭해 38년이 지난 지금도 여전히 서점 진열대에 놓여 있는 시인. 시집을 내면 20쇄 이상을 찍는 시인. 한국인이 가장 좋아하는 생존 시인의 반열에 드는, 국민시인의 신작 시집을 감동과 함께 읽었습니다. 수록된 110편의 삼분의 이가 미발표작이라니 얼마나 열심히, 치열하게 시를 쓰고 있는지를 가늠해볼 수 있었습니다. 인용한 시를 보며 정 시인과 같은 직장에서 근무하다가 새 직장에서 저와 만났던 젊은 시인 기자를 생각하였습니다. 그가 사표를 들고 직속상사인 저를 찾아왔을 때 극구 만류하는 제게 "이제는 아름다운 것만 생각하며 살고 싶습니다."라고 말하며 기어이 직장을 떠났었지요. 그러나 그는 세상과의 악전고투 끝에 병을 얻어 짧은 생을 마감하고 말았습니다. "아름다운 것만 생각하며 사는 것"이 그렇게 어려웠던 것입니다. 언젠가 전철에서 만났을 때 "시만 쓰고, 시에 몰두해야 합니다."라고 하던 형의 말이 생각납니다. 그러나 그 후에도 저는 시에만 몰두하지 못하고 일흔을 넘기고 말았습니다. 참 따스한 시인 정호승. 저는 형의 시집을 읽으며 그날의 따스한 충고를 되새깁니다.

당신에게

정희성

세상에는 이름 모를 신이 많다
나는 자신이다
어쩌면 당신도 신
당신이라는 이름의 신인지 모른다

— 창비 간행 《흰 밤에 꿈꾸다》

정 선배의 신간 시집 첫 장을 펼치는 순간, 감전된 듯한 느낌이 왔습니다. 그리고 미소가 떠올랐습니다. 그렇군요. 세상에는 신도 많습니다. 물론 자신과 당신의 신身과 신神은 한자로는 다르지만 우리말로 읽었을 때 이런 신비한 현상이 생기는군요. 성철스님이던가요. 세상은 부처로 가득하다. 집에 가면 남편, 아내라는 부처, 감옥에 가면 거기에 또 많이 계시는 부처님들이라고 하시더니 진실로 저는 부처를, 신을 가까이 모시고 사는 복된 사람임을 알겠습니다. 한시 평역評譯으로 유명한 한양대 정민 교수는 정희성 시인의 시를 "간절한 마음이 천지만물에 가 닿아 받아쓰기의 대화 채널이 활짝 열렸다."고 썼군요. 정 선배는 이제 꽃을 보면 꽃이, 신문을 보면 기사가 시가 되는 경지에 오르셨습니다.

무한으로 이어지는

정효구

나무가 모여 숲이 되고, 숲이 모여 산이 되고, 산이 모여 산맥이 되고,

빗방울이 모여 샘물이 되고, 샘물이 모여 개울물이 되고, 개울물이 모여 강물이 되고, 강물이 모여 바닷물이 되고,

텃밭이 모여 앞뜰을 이루고, 앞뜰이 모여 들녘을 이루고, 들녘이 모여 평야를 이루고, 평야가 모여 대평원을 이루고,

꽃늘이 모여 꽃밭을 이루고, 꽃밭이 모여 꽃동네를 이루고, 꽃동네가 모여 꽃세상을 펼쳐내고,

내가 모여 네가 되고, 네가 모여 우리가 되고, 우리가 모여 우리들이 되고, 우리들이 모여 인류가 되고….

—푸른사상 간행 《신 월인천강지곡》

　김재홍 교수 집에 갔다가 정 선생이 김 교수께 보낸 평론집 《붓다와 함께 쓰는 시론》을 우연히 보았었지요. 거기에서 "시심詩心은 불심佛心"이란 말에 필이 꽂혀 버렸습니다. 그것은 그동안 제게 오랜 숙제였던 의문에 대한 답이었기 때문이지요. 불이不二. 그것은 둘이 아니었던 것입니다. 그러던 차에 이번에 이 시집을 받고 단숨에 읽었습니다. 어디선가 정 선생은 가톨릭이라고 들은 듯한데 어쩌면 이렇게 불교에 정통하신지…. 하기야 독실한 가톨릭인 최인호 선생도 《길 없는 길》이란 탁월한 불교 소설을 남겼지요. 그 또한 '불이'겠지요. 서문에 "시인이 될 생각이 없다."고 하셨는데, 시인과 비시인이 무엇입니까? 그 또한 '불이'가 아닐까요? 천 개의 강에 비치는 달 같은, 청명한 시들을 읽었습니다.

어울림 숲 75
-민들레

조남훈

시린 잠을 턴 민들레 한 송이
눈물을 널어 말리고 있다
심봉사 눈을 뜨고 세상을 바라보듯
하늘과 땅 입맞춤하는 민들레
아홉 번 구운 소금처럼 빛났다
하늘로 막 떠올리는 기도문
두 손을 펴든 채 봄볕을 받는, 넌
오! 내 발등까지 입맞춤하던, 넌 넌
내 이정표의 별자리다
꽃대를 거머쥔 바람은 향그롭다

나는 너에게서 멀고
너는 나에게서 깊다

-빛남출판사 간행 《숲에는 문이 없다》

　울산에 간 이후에 시의 봇물이 터지셨습니다그려. 형은 충북 음성 출신이시지만 제가 형을 처음 뵌 곳은 까마득한 저의 20대 때, 봉직하시던 울산의 한양화학이었으니 저는 형이 울산 사람으로 느껴지고, 그래서 울산 가신다고 했을 때 귀향하시는 것 같은 느낌을 받았었지요. 이번에 내신 시집에는 '동심시집'이란 부제가 붙어 있네요. 울산시 중구청에서 도심 숲 가꾸기의 일환으로 무룡초등학교 교정에 조성한 '어울림 숲'을 소재로 쓰신 82편의 시가 제1부에 실려 있습니다. 이 시편들을 우연히 읽게 된 김두남 교장선생님께서 시집으로 묶어 어린이들에게 읽게 했으면 좋겠다는 말씀을 하셨고, 이범형 운영위원장께서 시집 비용을 부담해 나오게 된 시집이군요. "늙으면 애가 된다."고 하지요. 저는 형이 동시를 쓰는 심정을 충분히 이해하였습니다. 정훈 문학평론가는 형의 시를 "아이들의 마음처럼 무구無垢로 향한다."고 쓰고 있군요. 인용한 작품에서는 형 시세계의 절정을 본 듯한 강렬한 느낌을 받았습니다. 그것은 '멀고'도 '깊은' 세계겠지요. 그리고 보니 형은 새해 일흔여섯이십니다. 연전에 작고한 정대현 시인은 "나는 지금 추억이 되고 있다."고 했는데, 추억만 쌓여가는 요즈음입니다.

부대찌개

조창환

1953년 수복 서울의 초겨울은 을씨년스러웠다 지저분한 나뭇잎들이 허공에서 함부로 흩어지고 영등포 역전 미군부대 근처에는 꿀꿀이죽 끓이는 냄새가 구수했다 상이군인과 지게꾼과 검은 물들인 야전잠바 입은 할 일 없는 아저씨들이 쭈그리고 앉아 소시지와 치즈와 비계덩이 섞인 뜨거운 꿀꿀이죽에 머리를 디밀고 진땀 흘리며 퍼먹었다 아이들은 달리는 미군 트럭 뒤꽁무니를 쫓아가며 감자를 먹이다가 낯빛 검은 병사가 던져준 쵸코렛 조각에 굶은 쥐떼처럼 엉겨 붙었다

자정에 통행금지 사이렌이 울리자 해산 중이던 어미돼지는 발작을 일으켰다 제가 낳은 새끼를 다섯 마리나 물어 죽였다 아직 덜 죽은 갓 난 새끼 한 마리는 탯줄에 감긴 채 디룽거렸다 어머니는 어미돼지에게 시루떡과 막걸리를 먹였고 나는 죽은 새끼들을 샛강 옆 풀섶에 파묻었다

안방에는 담배연기가 자욱했다 아랫방에 세든 창세네 아버지는 피난길에 기르던 개가 뒤따라오자 데려가서 잡아먹겠다고 하니 한참을 서 있더니 돌아가더라고 했다 개는 영물이어서 주인 말을 알아듣는다고 했다 나는 돼지가 영물 같았다 사람들은 사이렌 소리에도 멀쩡하지만 돼지는 발광하지 않던가 제 새끼 물어 죽인 돼지는 우리 식구들에게 상전 대접을 받았다

나는 꿀꿀이죽을 사다 돼지에게 먹였다 영물이래도, 돼지는 돼지였다 꿀꿀이죽 먹으며 사납게 그르렁거리던 울음소리가 잦아들었다 눈알에 핏발도 가라앉았다 지금 같았으면 아마 돼지에게 모차르트를 들려주었을지 모른다 세상이 그만큼 고상해졌으니까

채널 에이 '먹거리 엑스파일'에서 착한 부대찌개 식당을 소개하였다 주인이 직접 만든 육수에 수제 햄과 소시지를 넣고 유기농 채소에 국내산 고춧가루로 간을 맞춘 부대찌개를 하는 집이 있다는 것이었다 인터넷 뒤져 식당이름 찾고 네비게이션에 주소 입력하여 찾아가 대기번호표 받아 순서 기다렸다 부대찌개 전골이 부글부글 끓자 넥타이 풀어헤친 젊은이들이 참이슬이나 처음처럼 소줏잔 기울이며 이마에 진땀 흘리며 퍼먹었다

저 사람들, 눈에 핏발 서서 신바람 나게 그르렁거리는 젊은이들, 육이오도 모르고 일사후퇴도 모르고 꿀꿀이죽도 모르는 젊은이들이지만 소시지와 치즈와 비계덩이 섞인 뜨거운 부대찌개에 머리를 디밀고 퍼먹지 않는가 그 어미돼지는 영물이어서 사이렌 소리 울릴 때 제 새끼들 물어죽였지만 아마 이 술꾼들은 눈도 꿈쩍하지 않고 먹어대기만 할 것 같다

-동학사 간행 《허공으로의 도약》

오랜만에 참 좋은 시집을 읽었습니다. 인용한 작품은 이야기 시인데 6·25 직후 혼란기의 상황을 집에서 키우던 돼지 이야기로 절절하게 풀어내셨습니다. 읽는 이에게 긴장감을 주는 서사였습니다. 선생님께서는 "내 시는 존재의 내면에 깃든 신성神性의 뿌리에까지 돌파해 들어가기 위한 모색의 궤적"이라고 밝히셨는데 그 고투가 흔적이 역력한 시집이었습니다. 요즘 중세 신비주의 신학자 마이스터 에르하르트의 범재신론汎在神論에 관심을 갖고 계심도 알았습니다. 따라서 통행금지 사이렌 소리에 놀라 새끼를 물어죽인 돼지를 영물이라고 보셨군요. 이성혁 문학평론가는 "조창환 시인은 이제 신성을 허공에서가 아니라 새와 사람이 친구가 되고 있는 일상의 한 장면에서 발견한다"며 '우리 시의 한 전범典範'으로 상찬했군요. 늘 온화하신 표정의 선생님 내면의 깊이를 읽으며 감동의 시간을 보냈습니다.

위장 탈출

주경림

"삿뽀로에 가서 온천하고 왔다
아직 눈이 석 자나 쌓였더라."
중환자실 면회시간, 아버지의 첫 마디가 그러했다

수액 줄들을 낭창낭창 늘어뜨리고
소변 줄도 침상 아래로 잘 흘러가게 놔두고
아버지의 의식은 중환자실을 탈출했다

모니터에는 녹색 삐죽한 산들이 솟았다 가라앉았다하며
맥박이 잘 뛰고 있다
호흡은 노란색 완만한 구릉으로 펼쳐진다
산소포화도는 푸른 산들로 굽이굽이 물결치고
혈압도 일정한 간격 따라 빨간 죽순들로 솟아나며
무지개색 강산무진도가 이어진다

모니터에는 그렇게 자신의 껍데기를 벗어놓고
아버지는 위장탈출했다
낮과 밤이 똑같은 그곳에서 의식은 살아남으려고
섬망에 빠졌다.

- 문학아카데미 간행 《뻐꾸기창》

　JTBC에서 방영된 12부작 드라마 〈눈이 부시게〉에는 알츠하이머 치매에 걸린 70대 노인이 섬망에 빠져 자신을 20대로 착각하는 장면이 나옵니다. 섬망이 과연 저 정도일까? 하고 궁금했었는데 이 시를 읽고 나서 공감하였습니다. 중환자실에 계신 아버지께서 눈이 석 자ㅏ 쌓인 삿뽀로에 가서 온천을 하고 오셨군요. 이 정도이니 섬망은 어쩌면 환자 의식의 위장 탈출일지도 모르겠습니다. 가사 상태에서 저세상을 경험하는 것도 극도의 고통을 견디기 위한 뇌의 작용이라는 기사를 보았습니다. 인간의 뇌는 참으로 신비롭습니다. 박제천 시인은 주경림의 새 시집은 천재형의 이백과 노력형의 두보의 장점을 한데 모은 연금술사의 마력으로 가득차 있다고 극찬했네요. 축하와 함께 자중자애를 바라는 것은 노파심이겠지요.

절두산 패랭이꽃

진복희

산도 아닌 언덕이
태산처럼 높습니다.

거룩한 붉은 피톨
되살아 피어난 듯

낯익은
패랭이 꽃들이
낯설 만큼 붉습니다.

-소야 주니어 간행 《반딧불이의 집》

　제가 대학 1학년 때인 1968년의 일입니다. 《시조문학》의 초회 추천을 받고 월하 이태극 선생 댁으로 찾아뵈었을 때죠. 선생님께서는 추천 완료된 진복희 당시 경희대학생 말씀을 하시면서 경희대학보에 기사가 크게 났다고 기뻐하셨습니다. 그때 저는 나이도 나와 동갑인데 참 대단한 분이구나 하고 생각했었죠. 그 이름은 제게 깊이 각인됐었고, 자주 보지는 못해도 어떻게 지내는지 늘 궁금해 했었습니다. 이번에 낸 시집이 세 번째 동시조집이라니 동시조를 참 많이 쓰셨네요. "시인으로 살아온 지 50년째, 그 절반은 동시조에 매달리다시피했"다고 시인의 말에 쓰셨네요. 인용한 시조는 굳이 동시조의 범주에 묶지 않아도 될 작품입니다. 주에 밝히신 대로 마포구 합정동 한강가에 있는 나지막한 산봉우리인 절두산은 1866년 병인박해 때 수많은 천주교도들이 처형되어 순교한 곳이라는 데서 유래한 이름이지요. 절두산에 핀 붉은 패랭이들을 보고 "산도 아닌 언덕이/ 태산처럼 높"다고 하셨습니다. 그 발견이 놀랍고 "낯익은/ 패랭이꽃들이/ 낯설 만큼 붉"다는 표현 또한 절창입니다. 월하 선생께서 칭찬하셨던 진 시인은 역시 탁월하군요.

새벽에 생각하다

천양희

　새벽에 홀로 깨어 있으면 성당 종탑에 새겨진 '운명'이라는 희랍어를 보고 《노트르담의 꼽추》를 썼다는 빅토르 위고가 생각나고 연인에게 달려가며 빨리 가고 싶어 30분마다 마부에게 팁을 주었다는 발자크도 생각난다 새벽에 홀로 깨어 있으면 인간의 소리를 가장 닮았다는 바흐의 무반주 첼로가 생각나고 너무 외로워서 자신의 얼굴 그리는 일밖에 할 일이 없었다는 고흐의 자화상이 생각난다 새벽에 홀로 깨어 있으면 어둠을 말하는 자만이 진실을 말한다던 파울 첼란이 생각나고 좌우명이 진리는 구체적이라던 브레히트도 생각난다 새벽에 홀로 깨어 있으면 소리 한 점 없는 침묵도 잡다한 소음도 훌륭한 음악이라고 한 존 케이지가 생각나고 소유를 자유로 바꾼 디오게네스도 생각난다 새벽에 홀로 깨어 있으면 괴테의 시에 슈베르트가 작곡한 〈마왕〉이 생각나고 실러의 시에 베토벤이 작곡한 〈환희의 송가〉도 생각난다 새벽에 홀로 깨어 있으면 마지막으로 미셸 투르니에의 묘비명이 생각난다 "내 그대를 찬양했더니 그대는 그보다 백배

나 많은 것을 내게 갚아 주었도다 고맙다 나의 인생이여"

—문학과 지성사 간행 《새벽에 생각하다》

　시 하나만 잡고 살아왔다는 천양희 선생의 신작 시집을 가슴 저리게 읽었습니다. 이번 시집은 선생의 '시적 고백록'이라고 할 만합니다. 수록된 시 상당수의 소재가 시입니다. 그만큼 시에 대한 선생의 고투가 치열하다는 것을 알 수가 있었습니다. 표제 시이기도 한 인용 시는 그나마 이런 고투가 객관화되어 나타납니다. 빅토르 위고, 바흐, 고흐, 피울 첼란, 브레히트, 존 케이지, 디오게네스, 괴테, 슈베르트, 실러, 베토벤 같은 선배들의 경우에서 그들이 이룩한 경지를 살펴봅니다. 그리고는 마지막으로 미셸 투르니에의 묘비명에서 삶에 대한 외경을 공감하지요. 그렇습니다. 시는 곧 삶이지요. 나의 인생은 나에게 많은 것을 주었습니다. 나의 인생은 나를 배신하지 않았습니다. 선생께서도 인용하신 로르카도, 백석도 그러했듯이…. 우리가 무심하게 넘겼거나 울며 고뇌했던 순간들이 실로 "돌아보면/ 그때가 절정"이었지요.

이름 하나

천옥희

불러도 대답 없는 이름이 있습니다
깊고 어둔 바다 속에 잠기운 이름 하나
못다 한
마음 다해 불러도
대답이 없습니다

무심한 파도는 밀려왔다 밀려가고
슬픈 이름 건지려 부르는 소리는
산산이
흩어집니다
메아리도 없습니다

내 이름 불리울 때 함께 불린 그 이름
희붐한 새벽에 여윈 달로 찾아와서
목젖에

걸려 웁니다

눈물 없이 웁니다

-창조문예사 간행 《사랑의 기쁨》

  참 고운 서정을 시조로 쓰는 시인이시로군요. 김봉군 교수는 머리글에서 "그의 시조는 강물에 노을 비친 화답의 노래"라고 칭찬하셨는데, 무척 시적인 칭찬이며, 그 칭찬에 공감하였습니다. 문영탁 문학평론가는 "자주 숨을 고르며 눈을 내리뜨거나 아예 감"으며 천 시인의 시조를 읽었다고 썼군요. 그만큼 천 시인의 노래가 깊은 울림을 갖고 있다고 하겠습니다. "시는 간절해야 한다."고 얼마 전에 타계하신 백수 정완영 선생께서 말씀하셨지요. 인용해본 작품 '이름 하나'도 간절한 노래입니다. 단지 그 간절함의 대상이 누구인지 구체화시켰더라면 그 감동이 좀 더 구체적일 뻔했습니다.

유목성

최문자

내 마지막 상상은 유목민의 아내가 되는 것
아무 절망 없이 게르를 허물고
아무 희망 없이 천막을 다시 치는 남자를 바라보며
그 곁을 자박자박 걸어 다니면 저절로 시가 써지는 아내

벽이 없어서 눈물이 되지 않고
제목이 없어 헐렁헐렁한 그곳
단추가 생략된 옷을 입은 아내는
양고기를 굽고 하얀 만두를 빚으며 흰 꽃처럼 점점 무성해진다
눈물을 가리던 고독한 우산도 쓰지 않는다
잠시 잠깐
신에게 그곳 땅을 조금 빌려 사는
들짐승의 털이 날리는 유목민의 아내

오래전

몽골 톨강 지류를 말을 타고 건넜다

떠내려오는 나무에 물길이 없어지자

벙어리 유목민이 나를 팽나무 위에 내려놓고 다시 말을 타고 강을 건너갔다

유목민의 이별이란 이렇게 성을 쌓지 않고 부득불 톨 강을 건너고 나무다리 위에서 말을 삼키고 서로 다른 지평을 넘는 것

허공 앞에서 암말들이 젖을 흘리며 새끼를 향해 질주했다

좀처럼 어떤 이별도 되지 않는 곳

이별 후에도 여전히 보여지는 곳

이곳의 밤은 떠나는 자의 것이다

뛰어내릴 벼랑이 없는 유목민의 허기를 이해하는 밤

이곳 포유동물들은 사랑을 안심하고 깊이 잠든다

― 문학동네 간행 《파의 목소리》

　　최문자 시인의 저력을 유감없이 보여주는 좋은 시집입니다. 초원에 가서 유목인의 아내가 되고 싶다는 상상력이 자못 눈부십니다. 〈달콤한 은유〉도 재미있게 읽었습니다. "시 쓰는 이런 체위로 전력 질주 사십 년"이 미안해서, "꼴까닥 넘어가게 섹스 잘해주는 여자 남편 젓가락에 잘 집히는 여자" "위스키를 주문하고 남편이 취해도 돈 안 달라는 여자 형님 형님 하면서 내 등에다 고추 달린 사내 아이 업혀주며 마실 보내주는 그런 여자"가 되고 싶지만 "어림 턱도 없는 여자가 초인종을" 눌러 남편에게 미안하다는 사설이 진진하네요. 나민애 문학평론가가 이 시집의 압권으로 꼽은 "지상에 없는 잠"은 내용이 깊은 시라고 하겠습니다. 파는 뿌리 뽑힐 때 단 한 번 부르짖는다고 하지요. 그 고통요苦痛謠들이 간절했습니다.

걸어도 발자국은 없는 것

최승호

지하철 노선도를 보고 있다
역들이 사막의 징검돌처럼
띄엄띄엄 놓여 있는
지하철 3호선 노선도

지도 밖으로 걸어 나와서
대동여지도의 산하대지를 들여다보는
고산자古山子
마음은 길 없는 길을 걷고
들 없는 들길을 걸었으니
걸어도 발자국은 없는 것

지하철 3호선 노선도를 보고 있다
띄엄띄엄 놓여 있는
역 이름들

도곡 매봉 잠원 신사 충무로
잠원에는 누에가 없고 신사에는 모래가 없다

오후 세 시까지는
왕 없는 경복궁역에 도착할 것

— 문학과지성사 간행 《방부제가 썩는 나라》

좋은 시는 눈을 트여 줍니다. 새로운 발견을 경험하게 합니다. 제가 늘 타고 다니는 지하철 3호선에서 평소에 못 보던 것을 발견하였습니다. "누에가 없"는 잠원과 "모래가 없"는 신사, "왕 없는 경복궁". 이런 것이 좋은 시를 읽는 즐거움 가운데 하나입니다. 최승호 시인의 이번 시집에는 이런 발견들이 가득합니다. "나에게 잘 해 주지 않는 사람은/ 나에게 열등감을 느끼고 있는 사람이다// 꽃나무가 그걸 깨닫는 데/ 한생이 걸렸다" 이 짧은 시에서는 개안을 경험했습니다. 그렇군요. 이 시집에서는 또한 무너져가는 환경과 사라져가는 생명들에 대한 분노와 슬픔도 담겨 있습니다. 시인은 산문은 전혀 없는 시집을 냈습니다. 심지어는 해설도 붙이지 않았습니다. 설명이 필요 없는 시. 이것이 최승호 시인의 자존심일 것입니다. 잘하셨습니다.

풍등을 올리며 1

최연근

마침내 횃불 높이
두 팔 벌려 솟아라

접히고 금 간 상처
아물지 않았어도

터질 듯 부푼 자유 껴안고
질러보는 그 음성

솟을수록 흐느끼는
참회의 눈물 보았는가

흔들어 뿌리치면
바람 소리 더 흔들고

차디찬 영욕의 불덩이
한 점으로 태워라

―고요아침 간행 《춤을 추어라》

　풍등은 풍선처럼 띄우는 등이죠. 대나무와 한지로 제작하는데 임진왜란 때는 군사용으로 사용하기도 했답니다. 근래에는 연말연시 소원 등을 적어 하늘에 띄우는 축제나 행사에 많이 사용됩니다. 최근 TV 드라마 〈푸른 바다의 전설〉에 등장하면서 유명세를 타고 있기도 합니다. 최 시인께서 풍등제의 광경을 보며 쓰신 작품이 아닌가 합니다. 저와는 동년배이자 동향이고 직장 동료이기도 하지요. 박구하 시인이 생전에 내시던 《시조월드》를 이어 내시고 싶다고 해 참 좋은 인연이라고 생각했었는데, 뜻하지 않았던 복병을 만나 무산된 것을 늘 안타깝게 여기고 있답니다. 그러나 세계시조시인포럼을 만들어 활발하게 활동하시니 전화위복입니다. 이 시집은 '현대시조100인선'의 12번째로 나왔군요. 소망을 담은 촛불을 싣고 날아오르는 풍등처럼 최 시인의 새해도 힘차게 비상飛翔하소서.

전어설법錢魚說法

최영규

꼭 찜통만 한 수족관을
쏜살같이 돌고 있다

다들 신이 났다

까만 눈을 반짝이며
연신 웃어대고 있다

수족관 안이 소란스럽다

작은 뜰채에 잡혀 나가면서도
푸른 빛 비늘을 튕긴다

반짝 반짝
신이 났다

"이렇게 사는 거야!"

힐끗
내게 눈치를 준다

―시인동네 간행 《크레바스》

늘 청년 같은, 씩씩한 최영규 시인이 세 번째 시집을 냈네요. 1996년 등단이니 7년에 한 권의 시집을 낸 셈이로군요. 저는 최 시인이 한국시인협회 사무총장 직을 박력 있게 해냈고, 또 지금은 개인 사업을 하느라 바쁜 것으로 알고 있는데 대단한 등반가라는 사실을 이 시집을 통해 알았습니다. 소개한 시는 삶에 대한 한 깨우침입니다. "뜰채에 잡혀 나가면서도/ 푸른 빛 비늘을 퉁"기며 "반짝 반짝/ 신이" 난 전어. 아! 삶은 그렇게 사는 것이지요. 조오현 시인이 "해 뜨는 것 보고 해 지는 것 보았으면" 다 산 것 아니냐고 "알 까고 죽는 하루살이떼"를 "아득한 성자"로 보았는데, 최영규 시인은 수족관 속 전어에게서 깨달음을 주었습니다. 좋은 시는 이래서 좋은 것이지요. 사업도 잘 하고, 좋은 시도 보여주세요. "찜통만 한 수족관" 속에서도 "연신 웃어대고 있"는 전어처럼요.

실존의 여왕
−이덕희(1937~2016) 여사께

최종고

서울법대 희귀족 여학생의 하나로
3년 선배 전혜린과 친해 평전까지 쓰고

법대인이면서 가장 법대인 답지않게
기자, 수필가, 음악 및 무용평론가로
한국문필계를 올 코트 프래싱하셨지요

1950년대와 60년대의 실존주의
고독, 불안, 결단을 몸소 체현하여
한평생 낮과 밤을 거꾸로 사시면서

물질주의로 타락해가는 세파를 등지고
서민 아파트에서 이웃과 부대끼며
외롭고 고달픈 삶을 영위하셨지요

그런 곤궁 속에서도 한 점 타협 없이
고고한 실존의 여왕으로 버티시더니

금년 여름 살인적 폭염 속에서
기어이 80세의 삶을 거두시는군요

부음도 받지 못한 채 사흘이 지나서야
옛 '학림다방'에 모인 선후배 지인들
마음의 연인을 보내기 못내 아쉬워

북받침을 누르며 커피를 마시네요
그 때 그 자리, 그 음악과 함께

– 관악 간행, 《캠퍼스를 그리다》

　최종고 서울대 명예교수는 법사상사라는 법학의 매우 독특한 영역을 개척하고 있는 선구적인 학자지요. 그러면서 그림을 그리고 시를 써 시서화 삼절의 경지에 서 있는 최 교수가 서울대를 소재로 한 캠퍼스 시화집을 내셨네요. "대학은 지상에서 가장 아름다운 곳"이며, "유명교수가 죽으면 캠퍼스의 다람쥐가 된다"니 평생 대학에서 살아온 노교수의 사랑이 담겨 있는 책입니다. 이덕희 선생은 생전에 제가 '선배'라고 불러온 분인데, 평생 독신으로 사셨고, 돌아가신 사실도 늦게 알려져 문상도 못한 아픔을 남기셨습니다. 저와는 미국 여류 무용가 이사도라 던컨의 자서전 출판을 계기로 40년 전에 만났었고, 제게 《춤》 지의 번역을 맡기는 등 늘 도와주려고 애쓰셨던 분입니다. 번역서도 인세를 받아야 한다며 수준 높은 번역서와 저작들을 보여주시던 자랑스러운 이덕희 선배, 이제 선배도, 선배가 그리워하던 전혜린 선생도, 《춤》을 내시던 조동화 선생도 이 세상에 계시지 않습니다. 가슴이 미어지는 가을입니다.

믿음을 저버린 죄는 저리 크다 하던가

하유상

저로 말할라치면 도편수都便手의 동량이로소이다
도편수란 도대체 뭔가 하면 별거 아닙습죠
'우두머리' 목수를 말하는 거지 무엇이겠소이까
근데 전 여느 목수가 아니오라 절간을 짓는
이를테면 사원 축조업자올시다 이래보여도 에헴!
흥 그까짓 절간을 짓는 목수쯤이야 하고서리
콧방귀를 뀌지 마시라구요 제발 말입니다
실은 절간을 짓는다는 게 알고 볼라치면
이만저만 까다로운 게 아니란 말이외다
우선 절간의 기둥은 모난 재목은 안됩죠
둥근 통나물 써야 한다굽쇼 그 까닭인즉슨
불법은 모나지 말고 둥글둥글해야 한다나요
또한 절간 축조에는 못은 못 쓴답니다
그러니깐드루 나무와 나무의 홈을 파서
꽉 들어맞게 맞추어야 하는 것입습죠

근데 이게 그리 쉬운 게 아니라굽쇼
게다가 대웅전 문의 창살에다간
숱한 꽃모양을 아로새겨야 하는뎁쇼
이게 어지간히 꼼꼼하지 않을라치면
문의 창살이 뒤틀려 못쓰게 되거들랑요
한 치의 삼십분의 일이라도 틀릴라치면
나무는 심통을 부려 맞지 않으니깐요
그야 바느질을 제대로 하려고 들라치면
한 올을 다툰다고 하는 말도 있지만요
목수도 세심한 주의와 솜씨를 꼼꼼하게
발휘해야 하니 무척 힘들거들랑요
암튼 우리가 나무를 다루는 것은
침모가 옷감 다루는 것과 같습죠
게다가 절깐은 부처님을 모시는 신성한
곳인 만큼 경건한 마음으로 임해얍죠

-한그루출판사 간행 《사서시문예》

　제가 고등학교에 다니던 때, 영화·연극에 심취해 있던 조숙한 친구가 있었습니다. 그 친구로부터 하유상 선생님께서 쓰신 《시나리오 작법》이란 책을 보았지요. 매우 고급스럽게 제작된 책이었습니다. 그래서 선생님은 제게 영화 연극의 까마득한 원로로 각인돼 있습니다. 그러니 제가 책으로 선생님을 뵌 지 반세기가 지나서 불시에 선생님의 전화를 받고 얼마나 놀랐겠습니까? 선생님께서는 제가 쓴 시조 〈전등사〉를 잘 보았다면서 그 주제로 서사시를 쓰시겠다고 하셨습니다. 그리고는 한 번 만나자고 하셨지요. 대한극장 근처의 찻집에서 만난 선생님은 참으로 정정하셨습니다. 그 자리에서 저는 선생님께서 제가 세상에 태어나기도 전인 1946년에 동백시회에 입회해 서정시를 써오신 시인이시며, 1947년 박용래 시인의 권유로 서사시를 쓰기 시작하신 것을 알았습니다. 우리나라는 서정시가 본류처럼 돼 있지요. 그래서 서사시를 쓰는 것은 매우 귀한 일입니다. 선생님께서는 서사시 21세기 문학회를 쇄신해야겠다시며 제게 회장을 맡아줄 것을 권유하셨습니다. 그러나 저는 서사시는 써본 적이 없어 감당하기 어렵다고 사양했지요. 제 시에는 서사성이 있다며 여러 차례 권하시던 선생님의 청을 못 들어 드려 이 글을 쓰는 지금까지도 송구스럽습니다. 이번에 내신 서사시문예 제3집은 서사시집을 다섯 권 내신 선생님의 선집으로 꾸며져 있습니다. 저의 시조 〈전등사〉의 한 구절을 선집 제목으로 하셨군요. 제가 인용한 부분은 서사시 '믿음을 저버린 죄는 저리 크다 하던가'의 첫 부분, 서장序章과도 같은 것입니다. 선생님 고맙습니다. 한국 서사시 중흥의 계기가 되기를 기원합니다.

모네의 연못 정원에서

한규동

모네의 연못 정원에서
가시수련이 진흙 속에 흰 발을 뻗는다
연못물은 진공상태로 양수처럼 꽉 차 있다
물이 움직일 때마다 물과 하나가 된다

물 밖, 우주에서 잎들은 몸을 펼치고 또 자신을 넓힌다
둥근 잎들을 물위에 펴가며 분만을 준비한다
모네의 연못 정원에 온몸을 투신해야 했다
몸을 던져야 몸도 마음도 연잎처럼 넓어진다
잎들이 물과 함께 출렁이며 하나가 된다

내 안의 가슴이 환하다

-문학아카데미 간행 《흔들리면 아름답다》

　　프랑스의 지베르니를 다녀오셨군요. 모네의 명화 〈수련〉의 모습 그대로이죠. 마치 작품을 보는듯한 감동에 젖었던 느낌이 아직도 전해옵니다. 저도 '가슴이 환'했었지요. 한규동 시인은 서울 은평구 증산동장입니다. 동은 행정의 최소 단위지요. 그러나 자치단체의 모든 요소를 다 갖추고 있다는 점에서 규모만 다를 뿐 국사를 다루는 대통령이나 동을 다루는 동장이나 다를 바가 없다는 게 제 생각입니다. 주민과 직접 피부를 맞댄다는 점에서 목민적인 성격이 강하지요. 한 시인은 또 캘리그라피 작가로도 활동하면서 개인전과 단체전에 여러 차례 참가한 작가시군요. 참으로 다재다능한 현역 행정가의 시집을 흥미 있게 읽었습니다.

어미새

한상호

아무리
밖으로 밖으로
빠져 나가려해도
몇 바퀴 돌면 도로
어미 품으로 굴러오게 끔
비딱하니 둥글게
새알을 낳으셨다

-시학 간행 《아버지 발톱을 깎으며》

　현대엘리베이터 대표이사를 지내고 현재는 부회장으로 있는 한상호 시인의 처녀 시집입니다. 그는 2016년 《문학세계》로 등단했으나 올해 《시와시학》 신춘문예의 문을 두드려 재등단했습니다. 그리고 회갑을 넘긴 나이에 첫 시집을 갖게 된 것입니다. 아마도 첫 자식을 갖게 됐을 때만큼 기쁠 것입니다. 축하하며 분발 있기를 바랍니다. 이 시집은 사모곡이자 사부곡이라 할만합니다. 3부로 이루어져 있는 시집의 제1부 '강물에 꽃잎 한 장 얹어주니'의 33편이 그러합니다. 이성천 문학평론가는 "부모의 죽음이라는 존재론적인 사건과 최종적으로 연계되는 이 부분의 시편들은 처연한 슬픔과 고통, 상실감과 애처로움 같은 비극적 정조가 배음을 이"루고 있다고 썼군요. 그런 가운데 제가 인용해본 작품은 그런 슬픔을 드러내지 않고 새알이라는 소재를 통해 어머니의 사랑을 잘 표현해낸 작품입니다. 우리 모두는 '삐딱'한 자식들이었는지 모르겠고, 우리의 어머니들은 '도로' '굴러오'면 품어주시는 하느님의 화신인지도 모르겠습니다. 제가 본 한 시인은 훌륭한 인품과 덕성을 갖춘 분이었습니다. 그러한 미덕이 품격 높은 시로 발현되기를 바랍니다.

투명에 대하여 14
-스승과 제자

허영자

부처님은
기쁘셨겠다
가섭迦葉 같은 제자를 두어서

영혼과 영혼이 부딪는
한순간의 섬광
염화시중의 미소

입으로 말하지 않고
귀로 듣지 않았지만
이미 다 말하고 이미 다 듣는
따뜻한 소통
그 투명한 공감

가섭은 진정

행복하였겠다
진신眞身 진언眞言의 스승
부처님이 계셔서.

―황금알 간행 《투명에 대하여 외》

팔순의 허영자 선생께서 지난해 8월에 시집 《마리아 막달라》를 내시더니 12월에 《투명에 대하여 외》라는 묵직한 신작 시집을 잇달아 간행하셨습니다. 시에 대한 원로 시인의 헌신과 열정에 오로지 감동할 뿐입니다. 그러나 시인은 시집 말미에 실은 '한국현대시의 이상향'이란 좌담에서 "작품의 비중이 아니라 시간이 흘러 나이가 들었다는 것이나 문단 연조만으로 대가, 혹은 원로를 자처하며 안주하는 일은 없는가… 등 여러 가지 면에서 자기를 들여다보는 성찰이 있어야 하겠다."며 스스로를 채찍질하고 있습니다. 《마리아 막달라》는 50편의 연작 시집이며, 《투명에 대하여 외》는 31편의 연작시와 38편의 시편들 그리고 시담詩談으로 엮어져 있습니다. 따라서 시에 대한 선생님의 생각과 선생님의 시세계를 아주 잘 들여다볼 수 있습니다. 오늘처럼 가짜들이 횡행하는 시대에 가섭 같은 제자를 만날 수 있다면, 부처님 같은 스승을 만날 수 있다면 얼마나 복될까요? 한 편 한 편 잘 빚어진 구슬 같은 시들을 읽으며 그런 만남의 기쁨에 젖었습니다.

워리는 똥개다

허의행

1

워리의 어미는 똥개다 워리도 똥개다 어미가 개장수에게 팔려간 뒤 워리는 혼자 뛰어 놀면서 자랐다 같이 사는 할머니가 먹다 남은 밥 한 술 된장국물에 말아주면 찍 소리하지 않고 싹싹 핥아먹었다

워리는 똥개라고 불러도 좋아만 한다 낯선 사람을 보아도 짖을 줄 알면서도 짖지 않는다 누구를 만나도 반가워 꼬리를 흔든다 추우나 더우나 마루 밑 흙바닥에서 잔다 오줌발 뻗치는 사춘기로 자랐다

2

한 번도 싸움을 해보지 않은 워리가 이웃에 이사온 훈련된 사냥개와 맞붙어서 싸웠다 밑으로 깔려 송곳니에 살점이 찢겨

도 신음소리 한 번 지르지 않고 덤볐다 찢어진 귀와 목덜미에서 피가 흘렀다

매일 살코기덩이만 먹고 강도 높은 사냥 훈련을 받는 사냥개를 된장국물에 밥 한 술 얻어먹고 싸움이라고는 한 번도 해보지 못한 워리는 처음부터 질줄 알면서도 피투성이로 일어나 끝까지 싸웠다

―시산맥사 간행 《삼류시인의 삼류시》

참 좋은 시집이 내 곁에 있는 줄을 모르고 있었네요. 보내주신 지 1년 반 만에 펼쳐든 시집을 무심코 읽다가 이내 빠져들고 말았습니다. 미당 선생의 '질마재 신화'를 연상케 하는 산문시집입니다. 인용한 시를 읽다가 눈물이 핑 돌았습니다. 수세식이 없던 시절, 아기 기저귀도 귀하던 시절, 사람의 똥도 먹으며 살다가 개장수에게 끌려가 사람의 먹거리로 생애를 끝내던 그 많던 똥개들의 추억이 떠올랐기 때문입니다. 그러나 토종개 특유의 텃세와 강인한 생명력, 투지가 똥개 워리에게 있었습니다. '워리' 또한 흔한 똥개들의 이름이었지요. 표제 시에도 동감하였습니다. 어느새 우리 주변엔 시인들이 많아져 "시인이 시인 아닌 사람보다 많다."는 농까지 등장하였습니다. 그런 가운데 횡행하는 가짜 시인들에 대한 경고로 읽혔습니다. 그런 가짜들일수록 겸손할 줄도 모르고, 시인이 무슨 벼슬인 양 오히려 행세하려 듭니다. 이제는 가짜 시인 감별사가 필요한 시대가 되고 말았습니다.

바람 부는 봄날

현원영

종이비행기 곱게 접어
봄바람에 날립니다

흰 꽃잎 분홍 꽃잎
덩달아 뒤따르고

꽃잎들
비행긴지 나빈지
분간할 수 없는 봄날

-바이북스 간행 《소나무 생각》

　송운 현원영 선생은 1928년생이십니다. 경기여자고등학교와 서울대학교 사범대학 사학과를 나와 1953년 미국 유학길에 올라 빌라 마리아 대학에서 학사, 버틀러대학교에서 석사, 워싱턴대학교에서 박사 학위를 받고 마린대학 교수를 지내셨으니 의지의 한국인이라 하겠습니다. 그녀는 모국 방문길에 시천 유성규 박사의 시조 강의를 듣고 시조에 눈떠 2006년 《시조생활》로 등단했습니다. 79세 때였지요. 소개한 작품은 그녀의 시조집 1·2권 선집에 실려 있으니 80대 때 쓴 작품입니다. 꽃잎과 종이비행기, 나비가 함께 날리는 분방한 봄날을 그리고 있습니다. 사물을 보는 눈이 순결하고 그 감각이 참신합니다. 시심, 인간의 감성에는 나이가 없다는 것을 실감케 하지요. 뵙고 싶은데 수륙 만리요. 이미 장거리 여행이 부담스러운 노년 인생이어서 아쉽기만 합니다. 실명 위기에 이르렀던 녹내장이 좀 회복되었다하니 다행입니다. 부디 강건하시길…. 시바타 도요처럼 100세 너머까지 시를 쓰시길….

홍매

홍사성

먼 훗날
다시 만나면 어떤 모습일까

꽃잎 아직 붉을까 향기 그대로일까

선암사 꽃구경 갔다
문득 해본

그대 생각

-책만드는집 간행 《고마운 아침》

홍사성 시인이 단시조집을 내셨네요. 홍 시인을 손잡아 시단으로 이끈 조오현 시인의 영향이었을까요? 불교에는 사형師兄 사제師弟라는 말이 있죠. 한 스승의 가르침을 이어받은 선배와 후배를 이르는 말입니다. 오현 스님과 홍 시인은 사형 사제 간입니다. 그 깊은 우정을 먼발치에서 바라보며 부러워했었지요. 아! 오현 스님의 갑작스런 입적 이후 빈소를 지키며 슬퍼하던 홍 시인의 모습을 잊을 길이 없습니다. 남자의 슬픔이 어떤 것인가를 절절하게 알았습니다. 이 단시조집에는 오현 스님에 대한 그리움이 가득합니다. 홍 시인은 제가 만난 사람들 중에 가장 원만한 인격을 갖춘 분입니다. 그 인격이 풍기는 향기를 듬뿍 풍기는 시집이었습니다.

내가 돈다, 바람개비처럼

홍석영

내가 돌고 네가 돈다
사람들이 돈다

땅이 돌고 산이 돈다
강이 돌고 바다가 돈다

지구가 돌고 세상이 돈다
태양이 돌고 우주가 돈다

온통 돌기만 하는 세상 한복판 중심에
내가 서 있다

선풍기가 전원 없이도 그냥 돌아가고
풍차도 세월도 돌아간다

더 이상 견딜 수 없어
내가 돈다, 바람개비처럼

-미네르바 간행 《내가 돈다, 바람개비처럼》

　그렇습니다. 우리가 사는 이 세상이 온통 돌아가고 있습니다. "돌아가는 세상 한복판 중심에/ 내가 서 있"으니 "더 이상 견딜 수 없어/ 내가" 돕니다. '바람개비처럼…' 우리가 사는 이 시절 한국의 가치관이 뒤집어지고 혼란스러운 상황을 잘 그려낸 작품입니다. 홍 시인은 맑은 사람입니다. 깨끗하지요. 그런 맑고 깨끗한 사람이 견디기에는 이 세상이 너무나 혼란스러운가 봅니다. 그러나 그런 가운데 이런 시를 걸러냈으니 시인은 어느 시대에서나 소중한 존재입니다. 가끔 만나 저를 많이 격려해주셨던 고마운 홍석영 시인. 저는 그 따뜻한 우정을 잊지 않고 있습니다. 좋은 시집 발간을 충심으로 축하합니다. 많이 씁시다.

따뜻한 슬픔

홍성란

너를 사랑하고
사랑하는 법을 배웠다

차마, 사랑은 여윈 네 얼굴 바라보다 일어서는 것 묻고 싶은 맘 접어두는 것 말 못하고 돌아서는 것
하필, 동짓밤 빈 가지 사이 어둠별에서 손톱달에서 가슴 저리게 너를 보는 것
문득, 삿갓등 아래 함박눈 오는 밤 창문 활짝 열고 서서 그립다 네가 그립다 눈에만 고하는 것
끝내, 사랑한다는 말 따윈 끝끝내 참아내는 것

숫눈길
따뜻한 슬픔이
딛고 오던
그 저녁

-고요아침 간행 《바람의 머리카락》

두 권의 시조 선집을 내셨네요. 한 권은 책만드는 집 기획의 '한국의 단시조' 11권째로 나온 홍성란 단시조 60선 《소풍》과, 또 한 권은 제1회 조운문학상 수상 기념 시집이군요. 만해축전 초창기이니 이제 한 20년은 됐을 것입니다. 백담사에서 여러 시조시인들과 함께 가던 홍 시인을 처음 본 것이…. 그 뒤 홍 시인 작품의 진경은 사뭇 눈부십니다. 저는 이제 꼼짝 못하는 홍 시인의 애독자가 되었지요. 〈명자꽃〉〈애기메꽃〉〈애인 있어요〉는 제 애송시입니다. 그러고 보니 모두 단시조로군요. 이번에 소개해 본 〈따뜻한 슬픔〉도 홍 시인의 시세계를 잘 드러내고 있습니다. 따뜻함 그리고 안타까움. 이런 정서가 홍 시인의 시를 지탱하는 기둥이라고 저는 보고 있답니다. 외동딸도 출가시켰으니, 이제 건강관리와 좋은 시조 많이 쓰는 일만 남으셨군요. 잘 읽었습니다.

꼭두

홍오선

나무로 깎아 만든 꼭두는 나의 각시 빨강 치마 초록 저고리 어여삐 받쳐 입으니

꽃대궐
차린 신행길
이승보다 환하다

―고요아침 간행 《어눌한 시》

　꼭두는 나무로 만든 '목우木偶', 돌아가신 분의 저승길 안내, 수호자란 주가 붙어 있군요. 저는 죽음을 이렇게 아름답게 묘사한 시를 보지 못했습니다. 그렇군요. 죽음은 '신행길'이로군요. 그것도 "꽃대궐/차린". 이 눈물겹도록 아름다운 죽음 앞에서 이제 더 이상 무엇이 두렵겠습니까? 현대시조 100인선의 네 권 째로 나왔군요. 자전적 시론에서 시인은 "그간의 내 글들이 고도한 시 의식을 담아내지 못하고 아주 일상적인 개인사에 매달려 있었는지도 모른다. 글을 쓰다보면 가슴을 에는 듯이 아린 슬픔들이 때로는 낱낱의 꽃으로 피어나서 나를 위무하고 있음을 깨닫는다."고 쓰셨는데 그야말로 시학의 정수를 꿰뚫고 계십니다. "가슴을 에는 듯이 아린 슬픔" 그것이 시지요. 부군도 시조의 세계로 이끄셨다고 들었습니다. 월하 이태극 선생님의 추천으로 입문하셨으니 저와는 문단 동문이기도 하십니다. 월하 선생님이 더욱 그리워지는 새해입니다.

고집불통
−치매행致梅行·121

홍해리

남편이나 자식뿐만 아니라
자신까지도 송두리째 잊어버리는 사람
지켜볼 수밖에 없는 내가, 너무
속이 상해서
속이 다 타서
뭉그러진 마음으로 생각, 생각에 젖다
여보!하고 부를 수 있고
함께 있는 것만도 복이지 싶어
안타까운 마음을 접으려 애를 써 봅니다
하필이면, 하필이면 왜, 하는 원망도 덮고
우리의 끝이 어딘지 보이지 않아도
그냥 바라다보려고 합니다
피할 수 없는 절망의 구렁텅이에서
촛불을 밝혀도
등불을 내걸어도
세상은 칠흑의 황야입니다

한여름인데 겨울옷을 입고 나서는 아내
막무가내 옷을 갈아입으려 들지 않습니다
끝내,
내가 지고 만 채 유치원 차에 태웁니다
아내의 세상은 한여름에도 추운가 봅니다.

—황금마루 간행 《치매행致梅行》

　제가 나가고 있는 서울 중구문화원의 시 창작반에서 한 수강생으로부터 시집 한 권을 받았습니다. 자기가 쓴 시집이 아닌데 주는 경우는 좀 드문 일이어서 집에 가져와 읽다 눈물이 핑 돌았습니다. 이 시집은 치매痴呆를 앓는 아내를 간병하며 쓴 150편의 시입니다. 시인의 말에서 "치매는 매화에 이르는 길"이라고 쓰고 있습니다. 즉 '무념무상의 세계, 순진하고 무구한 어린아이가 되는 병'이라는 것이지요. 그리고 중국 한漢 대의 악부시樂府詩에서 나온 시체의 일종인 행行을 제목 뒤에 붙였습니다. 자신 역시 "사랑하는 아내를 십수 년 투병 끝에 먼저 천국으로 보낸" 임채우 시인은 "치매 환자를 돌보는 보호자의 입장에서 수많은 희비로 엮으신 이 시편은 우리의 시문학사상 초유의 일"이라고 발문에서 쓰고 있습니다. 월간 《우리시》에 연재한 작품들을 묶은 이 시집을 시인은 전국의 요양시설에 나누어드려 아픔을 나누고 위로하고자 한다고 합니다. 치매는 이제 우리 곁의 가까운 질병이 되고 말았습니다. 시인이 눈물로 쓴 이 시편들이 치매 가족들의 고통을 위로했으면 합니다.

지하철에는

황선태

지하철에는
어머니의 안타까움이 없다
아들을 훈련소로 떠나보내는
버스처럼
주름진 손 흔들며

지하철에는
애달픈 고동 소리도 들리지 않는다
여객선처럼
이별을 알리는

기다리다 타고
타면 떠나고
그저 무덤덤한 얼굴들

아픔도 슬픔도

모두

땅 밑에 파묻었나 보다

-시학 간행 《꽃길의 목소리》

　이 결 고운 시를 쓰신 분은 평생을 검사로, 지금은 법무법인의 고문변호사로 계시는 분입니다. 검사 냄새, 변호사 냄새가 전혀 나지 않지요. 스물여섯 살에 사법시험에 합격해 검찰의 꽃인 검사장에 이르렀지만 그가 시심을 잃지 않았음은 고희를 앞두고 시단에 등단했으며, 74편의 시를 묶어 처녀시집을 낸데서 확인됩니다. 74편의 시에서도 그가 법조인이라는 단서를 발견할 수 있는 것은 두 편 정도에 불과합니다. 바로 이것입니다. 검찰이 대표적인 권력 기관이고, 그 여파로 정권이 바뀔 때마다 홍역을 앓지만, 인간에 대한 깊은 성찰을 지닌 황 변호사 같은 분이 사령탑이 됐더라면 비원칙에 결코 흔들리지 않았을 것입니다. 최근 나라를 뒤흔든 국정 농단 사태를 보며, 또 국민을 분노케한 젊은이의 방자한 모습을 보며 그런 생각이 더욱 간절해집니다. 첫 시집이 재판을 찍으셨네요. 시인으로의 제2의 인생을 축하하며 큰 성취 있기를 기원합니다.

잠들지 못한 밤에 시를 읽었습니다
시 읽어주는 남자 2

제1쇄 인쇄 2019. 9. 10.
제1쇄 발행 2019. 9. 25.

지은이 유자효
펴낸이 서정환
엮은이 민윤기
펴낸곳 문화발전소
서울시 종로구 삼일대로 32길 36 운현신화타워 305호 Tel 02-3675-2985
see편집국 : 서울시 종로구 종로 1가 르메이에르 종로타운 1031호
Tel 02-742-5217 Fax 02-742-5218

ISBN 979-11-87324-45-4(03810)

이 도서의 국립중앙도서관 출판예정도서목록(CIP)은
서지정보유통지원시스템 홈페이지(http://seoji.nl.go.kr)와
국가자료종합목록 구축시스템(http://kolis-net.nl.go.kr)에서
이용하실 수 있습니다. (CIP제어번호 : CIP2019037080)

값 14,800원

ⓒ 2019 유자효
PRINTED IN KOREA

*저자와의 협약에 따라 인지는 생략합니다.
*파본 및 제본이 잘못된 책은 구입서점에서 교환하여 드립니다.
*이 책은 저작권법에 의하여 보호받는 저작물이므로 이 책의 전부 또는 일부를 재사용하려면
 반드시 문화발전소와 저자의 허락을 받아야 합니다.